KB177827

불안감
버리기
연습

마음 속 불편한 그림자, 불안감을 지우는 감정 연습

불안감 버리기 연습

오광조 지음

다연
DAYEONBOOK

불안감을 지우는
감정 연습

"지금 불안한가요? 저도 불안합니다. 늘 불안했고 앞으로도 불안할 겁니다. 확실한 건 아무리 불안해도 삶은 계속되고 세상은 변함없이 잘 돌아간다는 것입니다."

어린 시절의 나는 불안감을 많이 느끼는 아이였다. 당연히 겁도 많고 잔걱정도 많았다. 그때를 돌아보자면 세상의 고민을 모두 짊어지고 사는 애늙은이였지 싶다. 겁이 많으니 무서운 것 또한 많았다. 텅 빈 방도 무서웠고, 어둠이 시꺼멓게 내리깔린 집 밖도 무서웠다. 그런 상황이 너무 힘들어서 책을 뒤지고 고민도 했다. 그러면서 시나브로 몸도 마음도 자랐다. 성인이 된 지금, 세상이 무섭기는 해도 나를 해치지 않는다는 사실을 안다. 불안감이 불쑥불쑥 튀어나와도 가만히 있으면 제풀에 사라진다는 걸 어느 날엔가 배웠다.

누구나 평안하고 행복한 삶을 꿈꾼다. 하지만 이를 방해하는 요소가 지천에 널렸다. 세상은 늘 시끄럽다. 살인 사건, 교통사고, 어선 전복사고, 북한 핵으로 말미암은 강대국과의 외교 문제 및 전쟁 위기 고조, 지진 등의 천재지변, 대기 오염과 지구온난화의 심화 등 살벌한 기사들이 날마다 우리의 눈과 귀를 할퀴며 불안감을 조성한다. 개인과 사회 그리고 나라, 세상천지가 온통 불안투성이다.

어디 외부 환경뿐인가. 인생살이에서 필연적으로 들러붙는 스트레스 요소는 또 어떤가. 학생은 성적 및 입시 문제로 불안감에 시달리고, 청년은 취직과 결혼 문제로 불안의 늪에서 허우적댄다. 중년 이후는 이직과 퇴직 그리고 노후 문제로 인한 불안감에 치인다. 한마디로 전 생애에 걸쳐 불안의 족쇄를 차고 있는 셈이다.

인류의 모든 역사를 통틀어 오늘날이 제일 위험하고 불안한 시대인 것은 아닌지, 지금을 사는 우리 세대가 가장 불행한 것은 아닌지 의구심이 들 정도다. 물론 엄밀히 따지고 볼 때 지금처럼 오랜 기간 전쟁이 없는 평화로운 때가 없었다. 우리는 그 어느 나라보다 안전하게 밤길을 다닐 수 있고, 총탄과 폭탄으로 난데없이 생을 마감할 일이 거의 없다. 찢어지게 가난한 데다 위생도 엉망이었던 불과 몇십 년 전과 비교해볼 때 우리 사회는 분명 경제적으로도, 문화적으로도, 제도적으로도 믿기지 않을 만큼 발전했다.

그런데 왜 불안할까? 공포, 분노, 행복, 혐오, 슬픔, 놀람은 사람의 기본 감정이다. 이 중에 긍정적인 감정은 행복 하나뿐이고 나머지는 모두 부정적인 감정이다. 이는 진화 과정에서 위험을 피하고 생존하는 데 유리하여 그렇게 발달했다고 한다.

하지만 생존에 직접적인 위협이 줄어든 현대에도 불안이나 공포는 줄어들지 않고 더 기승을 부린다. 불안의 외부 대상이 사라지자 그 감정이 내부를 공격하는 게 아닌가 하는 생각이 들 정도다.

수천 년 전부터 하늘이 무너질까, 땅이 꺼질까 걱정했지만 살면서 그런 일을 만날 확률은 거의 없었다. 내가 해결할 수 없는 불안은 일찌감치 포기하는 게 정신건강에 좋다. 고민할 문제는 개인 영역의 불안이다. 어느 정도의 불안은 필요하고 삶에 도움이 되지만 불편할 정도라면 해결해야 삶이 편하다.

이 책은 심리 전문서가 아니다. 어떻게 불안에서 벗어날 것인지를 고민하고 그 해결책을 찾아가는 과정을 정리한 책이다. 전문서와 비교할 때 감정의 개념이나 접근 방법이 많이 어설프게 보일 수도 있겠다. 사실, 집필하는 내내 정신의학과 심리학을 배운 사람으로서 전문가 시각에 맞춰야 하나 고민했다. 하지만 결국 일반인의 입장에서 접근하기로 했다. 저마다 품고 사는 갖가지 불안 앞에서, 학문적인 정의에 따르기보다는 자유롭게 이야기하는 일도 가치가 있으리라 생각했기 때문이다.

오랜 기간 고민한 내용이 책 한 줄로 명쾌하게 정의된 것을 보면 힘이 빠진다. 밤새 끙끙댔는데 알약 하나로 고통이 사라질 때는 참고 고생한 시간이 아깝다. 하지만 그럼에도 고민의 과정은 의미가 있다. 당시에는 해결책을 찾았다 생각했는데 시간이 지나고 보니 제자리인 경우도 많다. 때때로 문제의 답보다는 답을 찾는 과정이 필요하다. 결과의 축적물만 삶이 아니다. 살아가는 모든 과정 그 자체가 삶이다.

불안감에 심히 시달리고 난 뒤, 불안과 어느 정도 성공적으로 동거 중인 경험자의 실증적인 이야기로써 이 책을 보아주길 바란다. 불안 관련 전문서는 시중 서점에 얼마든지 있다. 전문서가 아닌 일반인 관점에서 현실적 불안을 다루는 것에 관심이 있다면 이 책의 일독을 권한다. 질병 수준이 아닌 일상의 불안으로 고민하는 사람들에게 이 책이 실질적인 위로와 더불어 마음속 불안감을 버리는 데 작게나마 도움이 되길 바라마지 않는다.

집필하는 동안 묵묵히 응원해주고 또 첫 독자로서 날카로운 조언을 아끼지 않은 사랑하는 아내와 내 삶의 의미이자 무게인 세 아이 승진, 승주, 승혁에게 고마운 마음을 전한다.

2018년

오광조

contents

Chapter 1

나는 왜 불안한가?

1

나는 왜 불안한가?

　살다 보면 오랜 기간 자주 접해 익숙하기는 해도 썩 친해지고 싶지 않은 사물이나 단어가 있다. 그중 하나가 바로 '불안'이다. 우리 일상에서 '불안하다'처럼 끊임없이 입에 오르내리는 말도 없지 싶다. '미래가 불안하다', '불안해서 잠이 안 온다', '불안해서 불안하다'까지……. 의식하면서 표현하기도 하지만 습관처럼 무의식적으로 말할 때도 많다. 자주 말하는 만큼 그 부정적인 느낌에 빈번히 휩싸인다. 원하든 원하지 않든 불안은 늘 다양한 경로로 우리를 옥죈다.

　'불안'의 사전적 의미는 '마음이 편안하지 않고 조마조마하다'이다. 당연히 '불안감'의 사전적 의미는 그러한 느낌이다. '마음이 불편한 상태'를 의미하는 만큼, 기실 '불안'과 '불안감'은 따로 구별하지 않고 쓰이는 듯하다.

　누구나 근심 걱정 없는 평안한 삶을 꿈꾼다. 하지만 현실을 돌아보고 미래를 내다보는 동안 아무런 불안감이 들지 않거나, 지금껏 불안했던 경험이 없는 사람이란 없다. 지금 이 순간 불안하지 않고 모든 일이 잘 풀리고 있을지라도 지난날 그 어느 순간에 불안했던 경험이 반드시 있을 것이다. 또 앞으로 계속 평안할 자신이 있냐고 물으면 자신 있게 대답할 사람도 없을 것이다. 정도의 차이는 있겠으나 모든 사람은 불안감을 느낀다. 이러한 보편적 측면에서 보자면 사람은 불안해야 정상이다.

나는 어릴 때부터 유달리 매사에 불안해했던 것 같다. 병적 상태까지는 아니지만 지금도 사소한 일에 민감한 편이다. 외출할 때 가스, 수도, 전기를 꼼꼼히 확인해야만 마음이 놓인다. 여행을 갈 때도 빠뜨린 것 없이 챙겨야 안심된다. 앞날에 대한 불안감이 심하다 보니 과도하게 준비한다는 말을 적잖이 듣는다.

이러한 나의 불안감을 최고조로 들쑤셔놓는 것은 뭐니 뭐니 해도 죽음이다. 나는 아주 어린 시절부터 죽음을 무척 두려워했다. 의미를 확실히 알지 못하면서도 죽음이라는 것은 막연히 답답하고 어둡고 피하고 싶은 그 무엇이었다. 잠들면 눈을 못 뜰까 무서워 밤을 새운 날이 있을 정도다.

어린 시절 기억의 대부분은 사라졌지만 지금도 눈에 선한 장면이 있다. 텔레비전이 흑백으로 방송되던 시절이다. 오래되어 제목도 내용도 정확히 기억나지 않는다. 흑백 바다를 배경으로 한 장면이라 더 암울했는지 모르겠다.

여객선이 난파되는 가운데 사람들이 구명보트로 탈출한다. 그들은 망망대해 위에서 생존의 사투를 벌이며 리더를 뽑는다. 표류가 길어지고 식량이 줄어들자 리더는 제비뽑기로 버릴 사람을 뽑는다. 희생자는 원망 가득한 눈으로 그를 보다가 떠난다. 상황이 더 나빠지자 리더는 자기가 희생하겠다며 구명탄을 가슴에 쏘고 바다로 떨어지지만 사람들이 그를 물에서 건져낸다. 그렇게 구조된 뒤 그는 희생자를 죽음으로 몬 책임을 진다.

흑백의 바다와 난파선, 그리고 조그만 보트 위에서 펼쳐지는 절망의 장면들……. 엄마 등 뒤에 숨어 보다시피 한 그 '죽음을 앞둔 절박함'의 장면들은 어린 나의 뇌리에 강렬하게 박혔다. 막연한 불안을 구체적인 영상으로 본 것은 그때가 처음이었다. 불안은 그렇게 내 안에 자리 잡았다.

모든 동물은 나면서부터 불안을 안고 산다. 생태계의 아래쪽에 있는 동물일수록 그 불안은 더 크다. 상위 포식자인 사자는 쉬고 싶은 때 쉬고 아무 데서나 잔다. 그 어떤 동물이 쳐다봐도 신경 쓰지 않는다.

초식동물 가젤이 사자처럼 행동한다고 해보자. 사방이 다 뚫린 곳에서 경계심을 풀고 늘어지게 자고 천적이 옆에 가도 아랑곳하지 않는다면 이내 육식동물의 먹이가 되고 말 것이다. 항상 포식자의 존재에 촉각을 곤두세우고 주변을 경계하면서 불안에 떠는 삶……. 이는 초식동물이 짊어져야 할 운명이자 그들 나름의 생존방식이다. 불안해서 어떻게 살까 하고 안쓰럽게 느껴지기도 하지만 매 순간 꽉 움켜쥔 불안감 덕분에 아이러니하게도 지금껏 생존해왔다. 이런 점에서

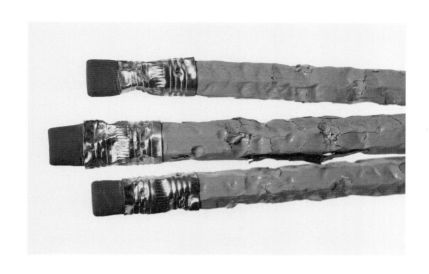

보자면, 불안은 약한 동물에게 없어서는 안 될 생존의 절대 무기다.

사람 역시 태어나면서부터 불안이 따라붙는다. 아기 때는 엄마가 떠나지 않을까 불안하다. 아기에게 엄마라는 존재는 절대적이다. 엄마가 보이지 않으면 자지러지게 울다가 눈앞에 보이면 그제야 안심한다. 엄마가 눈에 보이지 않아도 다시 나타난다는 사실을 배우는 데는 상당한 시간이 걸린다.

자라면서 주변 환경에 의해 불안감이 증폭되고 불안의 대상이 늘어난다. 어둠을 인식하면서 그것에 불안해하고, 천둥·번개 등을 경험하면서 그러한 자연현상에 불안해한다. 이런 것들은 인류의 영원한 불안 원천이다.

사실, 삶 자체가 불안의 연속이다. 진학에 따른 새 환경 적응 문제, 교우들과의 인간관계 문제, 시험·입시 및 취업 문제, 이성 문제, 군대 문제, 결혼 문제, 주거 문제, 육아·자식 교육 문제, 승진·이직·은

퇴 문제, 건강 및 노후 문제, 인생 말년의 죽음 문제 등에 따른 불안감들…….

그래서 종교, 철학, 예술 등은 불안을 토대로 발전해왔다. 특히 종교는 본질적으로 사후세계에 대한 불안감을 기반으로 유지된다. 너무 단순한 도식이지만, 사후에 대한 믿음이 없으면 종교로 인정받지 못한다. 유교는 훌륭한 이론과 예법에도 불구하고 죽기 전까지의 인생만 관심 영역이기에 종교가 아닌 학문으로 남았다.

죽은 뒤에는 아무것도 남지 않는다는 주장이 사실로 드러나거나, 죽으면 천국 혹은 지옥으로 갈 곳이 미리 결정되어 있다면 종교를 목숨 걸고 믿을 사람이 얼마나 될까? 단지 살아가면서 느끼는 작은 불편을 상담하는 클리닉, 점, 사주팔자 등과 비슷한 위치로 전락할 가능성이 크다.

종교의 무지막지한 영향력은 사후세계를 관장한다는 데 있다. 죽음 이후에 대해서 아는 사람이 아무도 없다는 사실과 모르기 때문에 불안하다는 점이 종교의 필살기다. 종교의 교리에 따라 충실히 살다 죽으면 천당에 가고 교리를 배반하면 지옥에 간다는 아주 간단한 이분법이지만, 이 논리로 종교는 수천 년간 개인과 문화를 지배해왔다.

너무 많은 교리적 모순과 입증할 수 없는 존재인 신, 아무도 돌아오지 않는 사후세계를 가지고 수천 년을 거뜬히 버텨온 이유 중 으뜸이 죽음에 대한 공포일 것이다. 종교만이 누구나 품고 있는 사후세계에 대한 불안 앞에서 그 해답을 그나마 그럴싸하게 제시한다. 아직까지 과학도 예술도 철학도 사후세계에 대해 답을 내놓지 못하고 있다.

사람은 태생적으로 낯선 것, 불안정한 것을 두려워한다. 살아간다는 것은 늘 새로운 것과 마주하는 과정이다. 오늘의 나는 어제의 나, 1년 전의 나와 다르다. 피부 밑에 있는 내 몸을 구성하는 세포도 어제, 오늘, 내일이 다르다. 몸도 매일 변하고 생각도 매일 변한다. 내가 만나는 가족, 친구, 동료도 나와 같은 육체적, 정신적 변화를 날마다 매 순간 겪는다. 오늘 만나는 그는 어제의 그가 아니고 그와 마주한 나도 어제의 내가 아니다.

환경은 변하게 마련이다. 기후도, 자연도 매일 변하고, 인간이 만든 건물 또한 미세한 변화가 진행된다. 시간 흐름 속에서 모든 것이 변하는 가운데 의식은 인지하지 못할지라도 무의식은 그 변화를 느끼고 낯섦을 인지한다. 긴장한다. 불안해한다. 사방에 바뀌지 않는 것이란 없다. 산다는 것은 일면 변화와 함께하는 과정이다.

낯선 곳에서는 불안하다가 익숙한 장소에 오면 안심이 된다. 낯선 사람과 있다가 익숙한 사람과 함께하면 편해진다. 낯선 사람이 모인 자리에 가면 본능적으로 익숙한 사람 곁으로 간다. 낯섦과 변화는 불안과 불편이 따른다. 즉, 불안은 생명체가 살아 있는 한 내부적으로 외부적으로 항상 부딪히는 숙명이다.

불안은 마음의 상태와 이에 따른 몸의 반응을 말한다. 그렇다면 불안은 어디서 왔을까? 불안이라는 감정을 우리는 도대체 어디서 배웠을까? 아픔, 배고픔처럼 원래 내재된 감정일까, 아니면 자라면서 배우는 후천적인 감정일까?

불안은 생존에 꼭 필요한 감정이고 행동하게 하는 에너지이다. 불안은 몸통에 연결된 팔다리처럼 마음에 필수로 있는 감정인데, 일부에서 과잉 반응을 보여 문제가 된다. 마치 몸의 면역 기능이 과도하게 반응하여 면역 질환이 일어나듯, 감정의 경보인 불안감이 과도하게 반응하여 여러 문제를 일으키는 것이다. 불안은 생명체에 내재된 기본 감정으로, 삶과 함께 가는 숙명이라 하겠다.

2

불안감은
어떻게 생겨나는가?

초등학교 때 일이다. 당시 집에는 형과 나 그리고 동생과 어머니만 살았다. 아버지가 타지에서 직장생활을 했기 때문에 어머니는 가끔 짐을 챙겨 아버지에게 다녀오곤 했다. 그러던 어느 날 어머니가 아버지에게 다니러 갔는데 밤에 전화가 왔다. 차 타고 오는 도중 멀미가 너무 심해 중간에 하룻밤 묵고 온다는 것이었다. 어머니가 집을 비웠다! 매일 지켜주던 보호자가 없게 된 것이다! 집에는 고만고만한 삼형제만 있었다. 문단속 잘하고 자라는 전화를 받고 늦게 잠이 들기는 했지만 수십 년이 지난 지금도 보호자가 없다는 그때의 불안감은 기억 속에 선명히 남아 있다.

나는 떨어지는 것에 대한 불안이 유독 심했다. 어릴 때부터 키우던 개가 죽었을 때 나는 대성통곡을 했고, 그런 내 모습에 속이 상한 어머니는 더 이상 집에서 개를 키우지 않았다. 지금도 어떤 대상과 떨어지는 일이 참 서툰데, 그래서 이별은 더 슬프다. 애정 결핍 아니냐는 소리도 듣는다. 사람뿐 아니라 익숙한 물건을 버리는 일도 어렵다. 보낼 때 보내야 한다는 걸 알지만 주위에서 사라지면 그 허전함을 감당하기 힘들다.

불안감은 어떻게 생겨나는 것일까? 본능인가? 학습된 감정인가?

본능은 태어날 때부터 내재된 것이다. 가르쳐주지 않아도 하는 행동으로, 생존과 번식에 관계되어 있다. 경험이나 학습은 출생 후 겪으며 습득하는 과정이다. 아기는 처음에 불이 무서운 줄 모른다. 뜨겁다는 사실을 경험한 뒤에야 불을 보면 피한다. 불이 다가오면 불안하고 무섭다. 학습의 결과인 것이다.

불안감은 본능에 가깝지만 경험이 더해져 강화된다. 불안감의 시작은 모체와 아이의 분리라고 할 수 있다. 출산으로 인한 엄마와의 분리에서 본격적으로 경험하는 것이다. 물론 임신 과정 중에도 엄마의 감정이 전달되고 엄마의 상태에 따라 태아가 긴장하거나 불안을 느끼기도 한다. 하지만 사람의 생에서 최초로 접하는 가장 강한 불안의 경험은 출산 때다.

출산을 앞둔 엄마의 불안은 고스란히 아이에게 전달된다. 아이는 편안한 엄마 배 속에서 차가운 세상으로 나올 때 불안감이 극도로 치솟는다. 출산을 준비하는 과정에서 자궁은 수축하고 아이는 강제로 밀려나기 시작한다. 좁은 산도(産道)에 머리 등 온몸이 낀다. 편안하고 따뜻한 공간에서 냉정한 세상으로 밀려난다. 아담과 이브가 모든 것이 갖춰진 에덴동산에서 쫓겨난 것처럼 호흡과 소화까지 모두 해결해주던 안락한 천국에서 숨도 스스로 쉬고 영양분도 스스로 섭취해야 하는 냉혹한 세상으로 쫓겨난다.

출산 과정에서 아기가 받는 스트레스는 어마어마하다. 말로 표현하지 못해서 그렇지, 평생에서 제일 큰 스트레스이고 또 인생을 통틀어도 거대한 충격이다. 프랑스 자연주의 산과의사인 프레드릭 르봐이예는 저서 《폭력없는 탄생》에서 분만실의 밝은 조명과 소음은 갓 태어난 아이에게는 감각적 폭력이라고 주장했다. 신생아를 바로 산모와 격리시키고, 탯줄을 박동이 멎기도 전에 서둘러 자르고, 아이를 거꾸로 들어 흔들거나 엉덩이를 때리는 관행 등은 모두 폭력이라는 것이다. 프로이트의 영향을 받은 그는 출산의 원형적 트라우마가 무의식 속에 남아 삶에 지속적으로 영향을 미친다고 주장했다.

갓난아이에게 보호자는 신과 같은 존재다. 양육자가 엄마이든 다른 사람이든, 보호자는 아이의 생사를 쥐고 있다고 봐도 무방하다. 아이가 자라면서 가장 무서워하는 것 중 하나가 "너 그러면 다른 사람에게 보낸다" 하는 식의 말이다.

아이는 세상을 인식할 때 나와 세상을 따로 구분하지 않는다. 나와 세상이 다른 존재라는 사실은 성장하면서 나중에 알게 되는 것이다. 그전까지 아이는 친밀한 보호자와 일체감을 느끼면서 안정감 속에서 자란다. 자라면서 점차 엄마와 떨어질 때 불안을 배운다. 항상 옆에서 나를 보호해주고 내 세상의 전부인 엄마가 없다는 사실은 아이에게 큰 충격이다. 퇴근했는데 집이 통째로 사라졌다고 생각해보라. 즉, 아이에게는 세상이 사라진 것이나 마찬가지다. 경험이 쌓일수록 엄마는 잠깐 자리를 비웠다가 다시 돌아온다는 사실을 알지만 처음의 부재 충격은 영원히 뇌리에 남는다. 불안은 제자리에 있어야 할 것이 없을 때, 앞으로도 있을까 확신이 없을 때 생긴다.

성장하는 가운데 경험의 종류와 강도가 늘면서 불안의 형태와 강도 또한 달라진다. 엄마와 나 사이에 국한된 불안이 다른 사람, 다른 영역으로 확산된다. 아빠가 불안의 원인이 되는 경우도 있다. 보통 아빠는 자녀들을 강하게 키우려 하는 데 반해 아이들과의 정서적 교류에는 약하다. 무관심하지 않다면 애정 표현이 강제로 흐르는 경우가 많다. 매를 들거나 큰소리로 훈육하는 것이다. 이는 불안 요소의 하나가 된다. 심한 경우 저녁에 문이 열리는 소리만 나도 가족이 벌벌 떠는 폭력적 상황이 생기기도 한다. 꼭 폭력적인 아빠가 아니더라도 아빠의 흥분이나 격노는 가족 구성원에게 불안을 안기기에 충분히 거대하다.

형제도 불안의 원인이 된다. 형제는 인생 최초로 겪는 경쟁관계다. 이삭이 에서의 장자권 축복을 가로챈 것처럼 부모의 관심과 상속은 성장과 번성의 커다란 유혹이다. 어릴수록 형제끼리 부모의 관심을 받으려 경쟁한다. 새의 새끼들은 어미가 먹이를 물어오면 결사적으로 입을 벌리고 짹짹거린다. 어미는 입을 크게 벌린 새끼에게 먹이를 준다.

형제간에도 서로 견제하면서 부모의 눈에 들려고 경쟁한다. 그러다 부모의 관심이 다른 형제에게 더 간다고 느낄 때 질투심과 미워하는 마음이 발동한다. 동시에 뒤처져 관심 경쟁에서 영영 밀리는 건 아닌가 하는 불안감을 느낀다. 역사를 보더라도 형제 살해, 형제의 난이라는 말이 자주 등장할 정도로 형제는 협력과 경쟁의 대상이다. 어릴 때는 부모의 애정과 관심을 더 받으려 경쟁하고, 커서는 부모의 재산과 권력을 더 챙기려 대립한다. 부모가 물려줄 것이 많을수록 경쟁은 치열하다.

이런 불안감은 집을 벗어나면서 본격적으로 확대되고 강화된다. 보호자가 있고 익숙한 환경인 집 안에 비해 집 밖은 너무 위험하다. 낯선 환경, 낯선 사람과 문화, 지금껏 접하지 못했던 문물은 동물의 본능적 경계심과 불안감을 최고로 발동시킨다. 눈을 크게 뜨고, 사방을 둘러보고, 귀를 쫑긋 세우고, 경계를 한다.

낯선 세상에 대한 불안감을 안고 새로운 환경에 적응하려면 에너지 소모가 굉장히 크다. 첫 등교, 첫 출근은 그래서 힘들다. 첫날에는 집에 오면 쓰러져 자기 바쁘다. 바뀐 환경에 어느 정도 익숙해져도 안심할 수가 없다. 새로운 일과 임무는 계속 생긴다. 학교이든, 직장이든 경쟁은 피할 수 없다. 항상 새로 배우고 적응해야 하고 이겨야 한다. 뒤떨어지지 않을까 불안하고, 도태되지 않을까 또 불안하다.

사회 상황에 의한 불안감은 내가 어찌할 수 없다. 매일 쏟아지는 뉴스는 보기가 무서울 정도다. 살인, 폭력, 실업 등 안전과 미래에 대한 불안감을 더 증가시키는 소식이 주를 이룬다. '세상이 갈수록 난폭해진다는데, 나와 내 가족은 안전할까?', '교통사고, 폭발사고 등이 빈발하는데 그런 것으로부터 나는 무사할 수 있을까?', '불황이 갈수록 심해지는데, 앞으로 나는 어떻게 될까?', '세계 곳곳에서 전쟁 위험성이 고조되고 있는데 우리나라는 어떻게 될까?', '각국에서 테러가 빈번히 터지고 있는데, 과연 우리나라는 안전할까?' 등등……. 하루하루 살수록 세상은 안전한 장소가 아니라는 사실을 체감하면서 생존에 대한 걱정과 장래에 대한 불안감은 증폭된다.

가정을 꾸리고 자녀를 키우면 부모 된 입장에서 자식에 대한 불안감 또한 피할 수 없다. '다치지 않을까?', '공부는 잘할까?', '삐뚤어지지는 않을까?', '취직 문제는 잘 해결할까?', '결혼은 행복하게 잘할까?' 등등 매사 불안이 꼬리를 문다.

어느 정도 삶이 안정되고 사회적으로 성취를 이루면 필연적으로 다가오는 인생 과제가 있다. '나는 인생을 잘 살았는가?', '나의 인생을 타인들은 어떻게 평가할까?', '내가 세상을 떠난 뒤 후손은 나를 어떻게 평가할까?' 등의 인생 문제와 더불어 삶의 본질적 의문인 사후세계에 대한 고민이 따라온다. 죽음을 앞둔 사람들은 후손들에게 품위 있게 인생을 정리하는 모습을 보이고 싶어 한다. 구차한 모습으로 죽음 앞에서 벌벌 떨기보다 의연하게 죽음을 맞기를 바란다.

'9988234'라는 말이 있다. 구십구 세까지 건강하게 산 뒤 이삼일 앓다가 죽자는 소망을 담은 말이다. 현대인의 이상적인 인생 정리 소망이다. '자식들에게 피해를 주지 않고 세상을 떠날 수 있을까?' 또 '내세가 있다면 죽은 뒤 지옥으로 갈까, 천국으로 갈까?' 하는 식의 불안감이 떠나지 않는다. 그래서 종교에 귀의하는 사람은 청년보다 노년이 압도적으로 많다.

불안감이 나쁜 것만은 아니다. 불안이 있기에 긴장하고 준비하고 노력한다. 불안감 없이 빈둥거리는 사람을 우리는 흔히 '한량'이라고 한다. 원래 일이 없어 놀던 양반을 일컫는 말인데 돈 잘 쓰고 잘 노는 사람을 이르는 말이기도 하다. 그들은 앞날에 대한 걱정 없이 무사태평이다. 한량을 보고 있는 가족들은 속이 탄다. 가장이 한량이면 배우자나 가족들이 경제적으로 힘들고 자식이 한량이면 부모가 미친다.

　불안감 없이 살면 좋겠지만 불안은 생명체에 내재된 본능이다. 위험을 피하려고 작동하는 경계 반응이고 후일을 준비하는 원동력이다. 불안은 잉태하는 순간부터 내재되어 있다가 성장 과정에 다양한 경험을 하면서 정교해진다. 그 불안을 어떻게 관리하는가는 개인의 몫이다. 불안에 치이든지 불안을 에너지로 삼든지……. 분명한 것은 불안을 다스려야 인생에서 승리한다는 것. 어쨌든 불안은 없앨 수 없는 나의 일부다.

3

무엇이 우리를
불안하게 하는가?

　안톤 슈낙은《우리를 슬프게 하는 것들》에서 일상의 모든 것이 '우리의 마음을 슬프게 한다'라고 했다. 우는 아이, 정원 구석에 널브러진 작은 새의 사체, 가을, 삭은 나무 위에 새겨진 문자, 동물원에 갇힌 호랑이, 웃는 여성의 아리따운 얼굴, 보라색·검정색·회색 빛깔, 바이올린 G현의 소리, 가을밭의 연기, 흩어진 비둘기의 깃털, 부녀자의 좁은 어깨, 지붕 위의 빗소리, 휴가의 마지막 날, 보름밤에 개 짖는 소리, 나무에 떨어지는 흰 눈송이 등등……. 소소하게 부딪히는 사소한 사건과 평소에는 잘 모르고 있다가 문득 눈에 띄는 평범한 사건, 마음먹고 집중해서 찾아봐야 하는 숨은 현상까지 다 슬프다고 한다.

　우리를 불안하게 하는 것은 여기에 한 술 더 뜬다. 일상의 모든 것, 세상의 모든 일, 오지 않은 미래까지 다 불안의 원인이 될 수 있다. 그야말로 불안이라는 것은 슬픔보다 더 도처에 널려 있다.

슬픔과 마찬가지로 불안 역시 철저히 개인의 경험에 따른다. 사회 현상이나 세상의 분위기에 따라 집단이 느끼는 불안도 있지만 결국 불안을 받아들이는 것은 개인이고, 불편을 느끼는 것은 개인적인 감정이다. 원인도 대부분 개인적 경험에서 기인한다.

사회적인 불안, 역사 속의 불안은 개인이 감당할 차원을 넘는다. 피할 수가 없고 저항을 포기할 수밖에 없다. 그게 마음 편하다. 세계 대전을 개인이 막을 수는 없다. 예수의 재림은 나의 기도대로 되지 않는다. 사람이 공통적으로 느끼는 불안은 안전을 거스르는 위험, 생명을 해하는 위험 등 생존에 관한 위험과 냉철한 이성으로도 어찌할 수 없는 미래의 불확실성에서 온다.

개인적인 불안의 원인은 사람마다 다르다. 개인의 경험에 의해 자리 잡고 강화되는데, 주로 성장기에 받은 충격이나 경험이 근거가 된다. 가정환경이나 개인이 경험한 특수한 사례가 원인이다. 생각해보면 원인이 제법 구체적으로 유추되는 자신만의 불안감이 꽤 있을 것이다.

나는 뾰쪽하고 긴 물체를 보면 무의식적으로 움찔한다. 의자에 앉을 때는 털썩 앉기보다 조심스럽게 앉는 습성이 있다. 초등학교 때 엉덩이에 종기가 나서 앉지도 못 하고 한동안 고생했다. 그렇게 '짝궁댕이'로 한참을 지냈는데, 어머니가 종기를 짜줄 때 소리소리 지르며 고통에 몸부림을 쳤다. 당시 엉덩이에 종기가 난 이유는 컴퍼스 때문이었다. 뒷자리에 앉은 친구가 내 의자에 컴퍼스를 세워놓았고, 나는 그걸 모른 채 앉았다가 컴퍼스 바늘에 푸욱 찔려버린 것이다.

뾰쪽한 물체를 보면 불안한 이유는 그때의 생생한 기억 때문이다.

나는 어릴 때부터 낯가림이 심했다. 특히 많은 사람 앞에서 하는 발표가 제일 두려웠다. 발표를 앞두자면 며칠 전부터 안절부절못한다. 사람들 앞에만 서면 아무 생각이 나지 않았다. '발표 불안증'은 지금도 진행형이다. 하고 싶은 말을 못하며 떨고 횡설수설한다. 남들 앞에서 말 잘하는 사람이 너무 부럽다. 단상에서 청중을 향해 떨지 않고 또박또박 말하는 사람을 보면 나와 다른 세상에서 사는 별종이지 싶다.

나는 그게 내 성격인 줄 알았는데 지금 생각하니 '무대 불안증', '발표 불안증'이었다. 발표가 서투르다 보니 자연히 사람들 앞에 나서는 게 싫었고, 그러니 적성이나 선택도 제한될 수밖에 없었다. 반장 선거는 당연히 못 나갔고 선생님이 시킨 부반장 한 번이 전부다. 만약 남 앞에서 말하는 데 불안해하지 않았다면 인생이 어떻게 바뀌

었을지 모르겠다. 지금도 강연하는 것이 꿈인데 아직은 자신감이 부족하다. 떨지 않을까, 횡설수설하지 않을까 걱정이 앞선다.

초등학교 때 노래 시험이 있었다. 열심히 연습했고, 내 차례가 되자 연습한 대로 노래했다. 애들이 웃었고, 노래를 마친 나에게 선생님은 말씀하셨다.

"너는 창을 했구나."

나는 창피했고, 홍당무가 된 얼굴로 쥐구멍을 찾다시피 했다. 그 뒤로 나는 노래를 안 했다. 노래뿐 아니라 사람들 앞에 서는 것도 기피했다. 지금도 제일 꺼리는 사회 활동이 바로 노래와 발표다.

대학 시절, 민주화운동이 한참이었다. 앞장서고 싶어도 도저히 노래를 선창할 자신이 없었다. 그래서 뒤에서 열심히 구호만 외쳤다. 어떻게 보면 무사히 학교를 졸업했으니 다행이라 할 수 있다. 새옹지마라고나 할까.

누구나 어느 정도의 불안은 있다. 개인의 성장 경험, 성격, 환경, 인생관에 따라 불안의 심한 정도와 모양새가 달라진다. 비슷한 원인이 있어도 반응은 다 제각각이다. 심지어 같은 사람이 같은 장소와 상황에서 느끼는 불안의 정도도 달라진다. 불안은 개인의 심리 상태와 밀접한 관계가 있고 외부 자극에 따른 반응의 형태로 나타난다. 다른 사람들에게 웃어넘길 일이 누구에게는 죽고 싶을 만큼의 불안 요소로 다가올 수 있다. 당사자는 아무리 생각해도 원인을 모를 수 있는데 이런 경우는 기억하기 힘들 정도로 아주 어릴 때 충격을 받았거나, 충격이 너무 커서 마음이 기억을 차단했을 수도 있다. 정상적인 삶이 힘들 정도면 원인을 찾아 해결해줘야 한다.

수십 년이 지난 지금도 잊히지 않는 사건이 있다. 어린 시절, 집 앞에 작은 개울이 있었는데 학교가 끝나면 거기서 동네 아이들과 밤늦게까지 놀곤 했다. 어느 날 아버지의 새 슬리퍼를 신고 나갔다가 잃어버렸다. 눈앞이 깜깜하고 아찔했다. 상당히 긴 개울을 위아래로 몇 번을 뒤져 아래쪽에서 돌 틈에 낀 한 짝은 찾았지만 나머지 한 짝은 결국 못 찾았다. 혼날까 봐 집에 들어가기가 두려웠다. 그 뒤는 잘 기억나지 않지만 혼난 기억이 없는 것으로 볼 때 아마 괜찮다며 눈감아준 것 같다.

신발이 사라진 걸 알았을 때의 그 당혹감은 지금도 선명하다. 그 뒤 물밀듯이 몰려온 걱정과 혼날까 봐 불안했던 감정 또한 생생하다. 구체적인 사건에 따른 불안, 혼날까 봐 걱정이 돼 생긴 불안, 앞날을 걱정하면서 발생한 불안은 기억상 그때가 처음이다. 불안이나 걱정은 그 뒤 다양한 모습으로 밀물처럼 밀려왔다가 썰물처럼 빠져나갔다. 형태는 그때그때 달랐지만 불안의 본질은 같았다.

불안은 항상 동일한 경로를 밟는다. 어린 시절에도, 학창 시절에도, 군 시절에도, 그리고 지금도 여전히!

사건을 인식한다. 그에 따른 불이익을 걱정한다. 가슴이 두근두근 불안하고 악순환의 시나리오가 떠오른다. 나를 자책한다. 막상 부딪치니까 아무 일도 아니다. 불안이 사라진다. 그리고 아무 일도 없다.

불안의 원인은 살면서 부딪히는 모든 사건, 모든 사람으로부터 기인한다. 나의 안전에 위험이 된다고 생각되는 것은 모두 불안의 원인이 된다. 칼이나 둔기처럼 구체적인 물건이 될 수도 있고, 안전이나 평온을 위협하는 일, 사람, 사건 등이 될 수도 있다. 공포심을 느끼게 하는 사물, 벌레, 동물 등도 원인이 된다. 전쟁, 미래, 빈곤, 사후세계, 이별도 원인이 된다.

불안의 원인은 살면서 언제든지 어디에서든지 만날 수 있고 또 만난다. 그런데 불안의 원인을 애초부터 없앤다는 말은 삶을 없애겠다는 뜻이나 다름없다. 그리고 대부분의 원인은 그 자체로는 해가 없다. 그것들은 우리를 불안하게 하려고 존재 및 발생하는 게 아니다. 자기 길을 가는 도중에 우리가 부딪쳤을 뿐이다. 똑같은 사건을 누구는 알지도 못하고 지나치는데 누구는 정신줄을 놓을 정도의 충격으로 받아들인다. 이는, 특정인에게는 그 사건에 마음의 반응과 상상과 경험이 결합하여 불안으로 발전한다는 방증이다. 세상 때문에 불안한가, 나 자신 때문에 불안한가? 깊이 생각해볼 문제다.

4

불안한 데는
이유가 있다

고등학교 때의 일이다. 그때나 지금이나 고등학교 시절에는 입시 준비가 제일 중요하다. 학급은 공부하는 학생, 노는 학생, 어중간한 학생으로 갈린다. 쉬는 시간, 뒷자리의 한 친구가 시끄럽게 떠들었다. 그때 나는 무슨 배짱이었는지 인상을 쓰면서 말했다.

"조용히 해라. 교실에 너만 있냐?"

순간 얼굴이 일그러진 그 친구가 쉬는 시간에 옥상으로 올라오라고 했다. 그때부터 온몸이 떨렸다.

'말로만 듣던 옥상으로 끌려가는구나…… 조퇴할까? 아니면 선생님께 말씀드릴까?'

수업 시간 내내 별 생각이 다 들었다. 쉬는 시간이 되자 죽이기야 하겠냐 하는 심정으로 옥상으로 올라갔다. 그 친구는 혼자 있었다. 나는 떨리는 다리에 힘을 주고 마주보았다. 그가 조용히 말했다.

"공부 좀 한다고 그러지 마라."

당황했다. 욕먹고 주먹질 당할 각오를 했는데 말 한마디로 끝이라니, 고맙기까지 했다. 세월이 흘렀지만 사건이 발생하고 해결되기까지 심장이 콩닥콩닥 다리가 부들거렸던 기억은 지금도 선명하다.

'핑계 없는 무덤은 없다'는 속담은 모든 일에는 원인이 있고 그에 따른 결과가 있다는 말이다. 흔히 왜 불안한지 모르겠다는 말을 한다. 아무리 생각해도 이유를 모르겠다고 한다. 하지만 다 이유가 있다. 지금 정확한 이유를 짚어내지 못했을 뿐, 분명 이유가 있다.

뿌리를 거슬러 가면 대부분 성장 과정에서 원인을 찾을 수 있다. 어릴 때는 사건의 의미를 이해하지 못해 정확히 기억하지 못할 수 있다. 또 너무 불쾌하거나 충격이 크면 무의식적으로 기억에서 지우기도 한다. 하지만 기억은 사라지지 않는다. 마음 어딘가에 묻혀 있을 뿐이다. 깊숙이 묻혀 있으면 의식의 노력으로도 되살리기 어렵다. 반면, 성장기 이후 일상의 불안은 대부분 이유가 있고, 노력하면 그것을 포착할 수 있다. 또 극복 가능한 요인도 찾아낼 수 있다.

불안이 너무 큰데, 아무리 생각해도 원인을 모르겠고 또 그 원인이 치료에 차지하는 비중이 클 것 같다고 판단된다면 정신건강의학과 전문의의 도움을 받는 것이 좋다. 그 정도의 불안은 전문의와 상의하는 게 답이다.

전날 밤부터 진정이 안 되고 꿈자리 또한 사납다. 다른 날보다 일찍 눈을 떴는데 마음이 진정되지 않고 불안하다. 곰곰 생각을 해보니 어제 일과 중에 해결이 안 된 일이 있다. 상당히 중요한 일이다. 출근하자마자 컴퓨터를 켜고 전화를 걸어 일을 해결했다. 전화가 연결되고 상대와 통화가 된 순간 거짓말처럼 마음이 가라앉았다. 세상이 달라 보였다. 음침하던 분위기가 일순 바꿨다. 그렇게 불안이 사라지고 평화가 찾아왔다.

이처럼 불안의 원인이 당장 떠오르지 않더라도 하나씩 들추어보면 해결되는 경우가 있다. 천천히 생각해보면 원인이 될 만한 일들이 나온다. 하나씩 정리하면 된다. 청소가 안 되었으면 청소를 하고, 서류 정리가 안 되어 있으면 서류 정리를 하고, 약속이 있으면 그것을 이행하면 된다. 그러고도 불안이 남은 경우, 더 꼼꼼히 생각해보면 대부분 원인을 찾을 수 있다.

고속버스 타는 것을 두려워하는 친구가 있다. 그는 오랜 시간 버스 타는 것을 견디지 못해 장거리를 갈 때 아무리 피곤해도 직접 운전을 한다. 예전에 고속버스를 타고 가다 중간에 소변이 마려워 곤욕을 치른 적이 있다고 했다. 그 기억 때문에 고속버스를 타자면 꼭 실례를 할 것 같아 불안하다고 한다. 그렇지만 옆에서 지켜본 그는 일이 바쁘면 몇 시간씩 화장실을 가지 않는다. 거대한 방광을 자랑이라도 하는 듯하다. 그저 예전의 당혹스러웠던 기억이 강하게 남아 오랜 시간 버스를 탈 때 불안한 마음을 유발하는 것일 뿐이다.

불안이 자리 잡는 데는 엉겁결에 당한 무기력한 경험도 일조한다. 저항하지 못하고 받은 마음의 상처와 신체 반응이 각인되어 뿌리박히는 것이다. 싸울 때 열 대 맞고 한 대 때린 사람보다 무력하게 한 대

만 맞은 사람이 더 분한 법이다. 신체가 받은 타격은 열 대가 훨씬 더 크겠지만 무력하게 당한 자신에 대한 원망은 후자가 더 크다. 마음의 상처가 자리 잡히면 나중에 비슷한 상황이 닥쳤을 때 각인된 불안감이 불쑥 튀어나온다. 아무것도 할 수 없다는 무력감, 상대나 사건에게 운명을 맡겨야 한다는 그 절망감이 튀어나와 불안의 한 모습으로 재발한다.

불안이 무서운 이유는 그 원인을 모르기 때문이다. 원인을 파악해 그것을 해결하면 사라진다는 사실을 알면 불안이 무서울 이유가 없다. 그런데 해결책을 모르니 무력감이 들고 불안이 엄습하는 것이다.

정신의학에서는 공포와 불안을 구별한다. 대상이 확실하면 공포, 대상이 불확실하면 불안이라고 한다. 하지만 실제로는 불안, 공포, 걱정을 구분하기란 힘들다. 강도는 걱정, 불안, 공포 순으로 강한 듯하다. 공포와 불안을 엄밀히 분류하고 질병으로 접근하는 것은 전문가에게 맡기고 우리는 하나로 뭉뚱그려 파헤쳐보자.

엔트로피(Entropy, 유효 에너지의 감소 정도나 무효 에너지의 증가 정도를 나타내는 양) 증가의 법칙이 있다. 우주는 전체 엔트로피가 증가하는 방향으로 진행하며 이를 돌릴 수 없다는 법칙이다. 즉, 우주의 모든 현상은 좀 더 무질서한 방향으로 진행된다는 의미다. 생명체도 예외는 아니어서 자연의 법칙을 피할 수 없다. 산다는 것은 최대한 엔트로피를 낮추는 과정이지만 이 삶의 과정이 끝나면 생명체는 죽고 분해되어 물질계로 흩어진다. 생명체에 주어진 시간은 한정되어 있기에 결국 생명체의 노력은 무위로 끝나 분해되는 과정을 맞는다.

삶이라는 존재 자체가 불안하다. 시한폭탄을 안고 사는 것과 같다. 째깍째깍 바늘이 가는 소리를 들으며 사는 삶은 불안 그 자체가 아닐 수 없다. 설정 시간이 다를 뿐 언젠가는 터진다. 그렇게 삶은 끝난다. 의식으로는 부정을 해도 본성은 알고 있다. 언젠가는 반드시 끝난다는 사실을 말이다.

몸뿐 아니라 마음도 항상 흔들린다. 마음이 불안한 이유도 우주의 법칙을 따른다. 사람들에게는 본능적으로 익숙한 환경에 안주하려는 경향이 있다. 불안정의 반대편에 있는 안정을 찾아내 편하고 익숙하고 안정적인 감정을 쫓는다. 하지만 세상은 언제나 엔트로피, 무질서도가 증가하는 방향으로 변화한다. 행복하고 안정된 상태에 도달해도 언제까지 그 상태를 유지할 순 없다. 다시 불안한 상태로 변하고 만다. 시시포스가 바위를 결코 정상에 올릴 수 없는 것처럼 겨우 부여잡은 안정 상태는 오래가지 않는다.

로마 시대 원정에서 승리를 거두고 개선하는 장군이 행진을 할 때 노예가 행렬 뒤에서 큰 소리로 외친다.

"메멘토 모리(Memento mori)!"

이는 '전쟁에서 승리했다고 너무 우쭐대지 마라. 너도 언젠가는 죽는다. 그러니 겸손하라'라는 경고다. '메멘토 모리'는 '너는 반드시 죽는다는 것을 기억하라'라는 뜻의 라틴어다. 지금 아무리 잘나가고 그야말로 세상을 다 가진들 언젠가 죽을 존재라는 그 운명을 어찌지 못한다. 시간을 한정하고 일하면 집중은 되겠지만 한편으로 시간이 흐를수록 불안하다. 초 재기에 몰린 바둑기사처럼 말이다. 삶도 본질적으로는 초 재기다. 생체 시계는 항상 째깍째깍 흐르고 있다.

어느 추운 날 거울을 보며 샤워했다. 온수를 트니까 거울에 조금씩 김이 끼더니 이내 하얗게 되었다. 분명 나는 그 자리에 서 있었는데 조금씩 거울에서 사라졌다. 겁이 덜컥 났다. 아무것도 보이지 않는데 등 뒤에 누가 서 있는 느낌이 들었다. 불안감이 밀려왔다. 닫힌 공간이라 누가 들어올 수 없고 들어온 흔적도 없었다. 이성은 바보 같은 짓이라 타일렀지만 돌아볼 수 없었다. 누가 보고 있을 것 같았다.

더운물을 계속 틀자 조금 지나 김이 흘러내렸다. 거울에 내가 나타났다. 그제야 뒤를 돌아보았다. 문도 닫혀 있고 아무도 없었다. 겁먹은 나만 있었다. 어쩌면 그때 문득 영화나 소설의 장면이 떠올랐을 수도 있고 뒤를 비춰줘야 하는 거울이 본연의 역할을 못하니 긴장했을 수도 있다. 하지만 거울 속에서 나의 모습이 사라지는 모습은 불안감을 불러일으키기 충분했다.

이처럼 불안의 이유는 너무 다양하다. 불안하지 않은 순간이나 환경 이유를 찾는 것이 더 쉽다. 한때의 평안과 행복 원천이 불안의 원인으로 바뀌는 경우도 너무 많다. 재산도 가족도 사랑도 모두 삶의 목적이자 행복의 기준이 된다. 하지만 동시에 불안과 번민의 대상이 되기도 한다.

원효대사는 해골바가지 안의 물을 마시고 깨달음을 얻었다. 마음의 장난에 따라 평안과 불안을 왔다 갔다 한다. 바가지에 담겨 있다고 생각한 시원하고 달콤했던 물이 해골 안에 담긴 물임을 안 순간 썩은 물로 돌변한다. 어찌 보면 세상을 해석하는 마음이 불안의 이유라는 것도 맞는 말이다.

5

불안한 사람들의 공통점

동화책 《침대 밑에 괴물이 있어요!》의 주인공 빌리는 어린아이다. 아직 그 괴물을 본 적은 없지만 침대 밑에 괴물이 있다 믿고 있다. "괴물이 틀림없이 침대로 기어 올라와 내 곰인형을 훔쳐 갈 거야!", "내 침대 밑에 괴물이 있어요", "저기 저 구석 깊숙한 곳에요. 괴물이 이상한 소리를 내요"라고 엄마에게 말한다. 용감한 엄마는 괴물을 무서워하지 않지만 결국 침대 밑 쥐 앞에서는 무서워 어쩔 줄 몰라 한다.

여기서 침대 밑 어두운 공간은 미지의 세계나 어둠을 대변하고 있다. 즉, 침대 밑 어두운 공간에 대한 아이의 두려움은 어른이 되어 맞닥뜨릴 미지의 세계에 대한 불안으로 확장시킬 수 있다. 의식이 성장하면 감정보다 논리로 판단한다. 집 안에 낯선 것이 없다는 확신이 있고 침대 밑 공간은 괴물이 있기엔 너무 좁다는 걸 깨닫는다. 그래서 어느 정도 자라면 침대 밑에는 괴물이 아닌 잡동사니만 있다는 걸 안다.

그럼에도 불구하고 불안한 사람은 마음은 물론 집, 직장, 거리 등 여기저기 사방에 괴물을 키운다. 그러나 대부분 실체가 없다. 이 괴물을 우리는 오싹하거나 머리가 쭈뼛한 느낌으로 인지하는데, 구체적인 모습으로 다가올 때도 있다. 나무 뒤에 숨은 치한의 모습이기도, 바람에 날리는 귀신 모습이기도 하다. 골목길 꺾인 뒤편에 있는 미친개 한 마리는 형체 없이 생각으로도 나타난다. 운전 중에 차가 고장이 날 것도 같고 앞차가 갑자기 덮칠 것도 같다.

시험공부를 아무리 열심히 한들 막상 시험 날에는 '망할 거야' 하고 부정적인 자기 주문을 건다.

'남들은 공부를 안 해도 운 좋게 잘 풀고 잘 찍는데 나는 죽어라 해도 모르는 문제만 나오고 아는 문제도 실수로 틀릴 것만 같다!'

아는 문제가 나와도 어쩌다 만난 행운이라고 생각한다.

불안한 사람들은 불안을 혼자만 겪는 특별한 문제, 거대한 문제, 해결이 되지 않는 문제로 보고 불안에서 헤어나지 못한다. 그저 삶의 모든 에너지를 불안 자체에 쏟아붓는다. 사방이 막힌 방에 연기가 자욱하면 그곳에서 고민하고 해법을 찾을 게 아니라 일단 먼저 방을 빠져나와야 한다. 그런데 연기가 가득 차 앞이 보이지 않는 방에서는 아무 생각이 안 난다. 그냥 공포 그 자체일 뿐이다.

몇 해 전, 내가 일하는 병원에 불이 났다. 출근하는데 전화가 왔다. 다급한 직원의 목소리였다.

"원장님 큰일 났어요!"

"왜?"

"불났어요. 병원에 불이 났어요!"

건물 구조가 앞쪽은 진료실이고 뒤쪽은 물리치료실인데 뒤편에서 불이 났다는 것이다. 물리치료실에 있는 온열매트에서 불이 시작되었다고 했다. 매트만 하나 그을렸겠거니 하고 대수롭지 않게 생각했는데, 막상 도착하니 보통 화재가 아니었다. 소방차가 여러 대 출동해 있었다. 매캐한 검은 연기가 피어오르고 있었고, 사방에 물 튄 흔적 아래 물웅덩이가 곳곳에 생겨 있었다. 동네 사람들이 건물 앞과 길 건너편에 모여 웅성거렸다. 잔불만 남은 상태여서 건물 앞에는 노란 줄이 쳐져 있고 상황은 정리 중이었다.

건물 안은 연기가 자욱하고 컴컴해서 안이 전혀 보이지 않았다. 바닥과 벽은 물이 흥건했고 역한 냄새에 절로 고개가 돌아갔다. 들어갈 엄두가 나지 않았다. 아직도 뜨거운 열기가 훅훅 뿜어져 나왔다. 소방관이 유독가스가 고여 있을 테니 바로 들어가지는 말라 했다. 경찰서, 소방서에서 계속 연락이 왔다.

조금 있다가 화재 감식반이 도착했다. 편의점에서 부랴부랴 마스크를 사 쓰고 손전등을 구해 따라 들어갔다. 감식반이 어둠 속에서 헤드라이트를 켜고 움직일 때는 영화의 한 장면 같았다. 내 병원에 불이 난 사실도 깜박할 정도로 멋있었다. 훅훅 소리와 함께 강한 빛을 비추면서 연기를 뚫고 한 발짝씩 나아가는 모습이 너무 듬직했다. 침대를 살피고 전선을 조사하며 발화점과 원인을 찾아 확인한 뒤 감식반이 철수했다. 불탄 건물 속에 혼자 남으니 불안감이 몰려왔고 그제야 왈칵 겁이 났다. 일단 건물 밖으로 빠져나왔다. 빛과 상쾌한 공기가 그렇게 좋을 수 없었다.

　다행히 불은 다른 데로 옮겨붙지 않고 내 병원 내부만 태웠다. 물론 다친 사람도 없었다. 2층은 만화방인데 불이 옮겨붙었다면 순식간에 재산 및 인명 피해가 커졌을 것이다. 마침 진료 시간 전에 화재가 났으니 불행 중 다행이었다. 불이 났을 때 안에 사람이 있었으면 어떠했을까 상상하기도 끔찍하다. 유독가스에 숨이 막히고 어두운 공간에서 입구를 찾지 못해 우왕좌왕하다 쓰러졌을 것이다. 피해가 내 병원에만 국한된 것에 지금도 감사한다.

　문제가 생겼을 때 문제 안에 갇히면 안 된다. 일단 빠져나와야 한다. 산에서 길을 잃으면 높은 데로 올라가는 게 상식이다. 높은 데서 봐야 어디로 갈지 방향이 가늠되기 때문이다. 이를 교훈 삼아 일차원적 문제라면 이차원으로 이동하고 평면의 문제라면 삼차원으로 옮겨야 한다. 일단 나와서 객관적으로 보고 조망해야 된다. 내 문제가 아닌 듯 제삼자의 시각에서 관찰해야 답이 나온다.

　문제에서 도망가지 못하는 사람이 있다. 코끼리를 새끼 때부터 말뚝에 묶어놓으면 처음에는 도망가려 줄을 당기지만 안 되면 포기한다. 다 자란 뒤 덩치가 거대해지고 힘이 충분해도 실패한 기억에 눌려 시도조차 안 한다. 마음에 말뚝을 박은 사람들도 발목에 줄이 묶인 코끼리와 같다. 도망갈 줄 모른다. 시도했는데 안 된다고 미리 주저앉는다.

　미운 오리 새끼는 오리들에게 구박을 받았다. 외모가 다르다고 외톨이로 지냈다. 그러던 어느 날 물에 비친 모습을 보고 자기가 오리가 아니라 백조라는 걸 안다.

불안하다고 자신을 외면하지 마라. 물에 비친 모습을 봐야 한다. 객관적으로 보면 불안은 작은 것에 지나지 않는다. 말뚝은 살짝만 잡아당겨도 쉽게 뽑힌다. 한 번에 안 될 수도 있지만 계속 시도하면 반드시 뽑힌다.

자기 탓만 하면서 문제는 모두 내 안에 있다고 하면 반쪽 해결책이 되고 만다. 원인을 내부에서 찾는 것은 얼핏 도덕적으로 고상해 보인다. 남 탓을 하지 않으니 책임감이 있어 보인다. 하지만 이는 근본 원인을 찾는 데 두려워하는 것에 지나지 않는다. 외부의 원인이 상대적으로 거대하면 무력감에 이중으로 상처받는데, 미리 이를 두려워하는 것이다. 차라리 "내 탓이오" 하면 내 통제 안에 있다는 위안을 얻을 수 있고 언제든 해결할 수 있다는 핑계도 생긴다.

불안한 상황에 빠져 거기에 머물러 있다면, 이는 용기가 부족한 것이다. 길만 건너면 안전한 세상이 있는데, 두려움 때문에 어쩌지 못하는 꼴이다. 조금만 헤엄치면 안전한 해안에 도달하는데, 파도를 탓하고 차가운 수온을 탓하고 상어를 탓하며 조각배에서 탈출하지 못하는 꼴이다. 가끔은 다리도 불태워야 하고 은신처도 불태워야 한다.

불안을 떨칠 강력한 처방은 용기다. 벗어날 용기, 머물 용기, 부술 용기! 모든 결단과 선택은 용기에 기초한다. 최선도 선택의 결과이고, 최악도 선택의 결과이다.

지나친 내 탓도 문제지만 남 탓만 하는 것 역시 문제다. 게으르면 남 탓을 한다. 움직여서 해결하기보다 남 탓으로 돌리고 안주하려 한다. 손가락 네 개로 나를 가리키고, 남은 한 개로 남을 향한 채 핑계를 댄다. 환경이 안 좋아, 시대와 안 맞아, 날씨가 안 좋아, 머리가 나빠, 돈이 없어, 몸이 약해서, 내 적성과 안 맞고, 같이 일하는 사람과 안 맞고 등등……. 할 수 없는 이유를 찾는 걸 보면 절대 머리가 나쁘지 않고, 게으르지도 않고, 창의력이 떨어지지도 않는다. 하지만 세상은 밥은 주지만 먹여주지는 않는다. 남을 탓해봐야 아무 쓸모없다. 결국 내가 움직여야 답이 나온다.

불안의 원인은 세상 곳곳에 널려 있고 증상은 사람마다 다르다. 그러나 불안한 사람들은 불안에 민감하다는 공통점이 있다. 심장이 뛰고 손발이 떨리고 눈이 캄캄하고 머릿속이 하얗게 되고 자신감이 사라진다. 같은 원인에도 가벼운 흥분으로 끝나는 사람이 있고 의식도 안 하는 사람이 있다. 하지만 불안한 사람은 '기승전불안'이다.

6

나만 불안한 걸까?

불안한 시간이 오래되면 문득 의문이 든다.

'세상은 원래 불안한 걸까?'

'나만 불안한 걸까? 과연 다른 사람도 불안할까?'

나는 슬픈 영화를 보지 않는다. 영화는 SF, 판타지, 코미디만 본다. 슬픈 영화 속 스토리에 몰입되면 마지막 결과에 불안감을 느낀다. 한국영화처럼 주위에서 만날 법한 소재의 영화는 주인공에게 일어날 일이 예측되어 불안하다. 그 불안감이 나는 싫다. 외국영화는 자막을 통해 보니까 내용이 한 발짝 떨어져 전달된다. 배우가 슬퍼도 자막을 거쳐 슬픔이 온다. 한국영화는 대사가 바로 전달된다. 떨어져서 볼 여유 없이 동시에 공감한다. 그래서 영화는 외국영화 중 현실과 동떨어진 내용만 본다.

연속극도 보지 않는다. 주인공에게 닥칠 비극을 예상하면 불편하다. 그래서 마지막 회가 끝난 뒤 갈등 부분만 빼고 '다시보기'를 한다. 남들은 연속극 진행상 발생하는 갈등에서 손을 쥐고 긴장감을 즐긴다지만 나는 그 긴장감과 그에 따른 전개를 예측할 때 생기는 불안감이 너무 싫다.

늦깎이 대학생인 J씨는 요새 수업 시간만 되면 부쩍 긴장이 되고 불안하다. 아들딸 또래의 학생들과 잘 다닐까 걱정스러웠는데 다행히 1학년은 무사히 마쳤다. 열심히 공부한 덕에 과에서 수석을 했다. 나이 어린 급우들도 모르는 내용을 물어볼 정도다.

2학년이 되니까 문제가 생겼다. 수업 시간에 자꾸 교수가 질문을 하는 것이다. 질문하는 이유는 두 가지다. 하나는 수업에 집중하지 않는 학생들에게 자극을 주기 위해서, 또 하나는 우수한 학생들을 통해 수업의 이해 수준을 확인하기 위해서! J씨는 물론 후자다. 교수 또한 J씨보다 어리다. 교수는 빈번히 존댓말로 "설명해보세요" 한다. 어린 학생들 사이에서 답을 하지 못하면 어쩌나 하는 불안감에 그는 그 교수의 수업 시간마다 바짝 긴장한다. "수업 시간에 질문하지 말아주세요" 하고 부탁하고 싶을 정도다.

밤하늘에 아름답게 반짝이는 별을 보면 마음이 평화롭다. 잔잔한 별을 보고 있자면 "저 별은 나의 별" 하는 노랫말이 입에서 절로 나온다. 하지만 그러한 시각적 낭만 이면에 실상은 어떤가. 모든 별은 태양처럼 불덩어리다. 몇천 도 이상으로 이글거리는 불덩어리지만 몇 광년 떨어져 있으니까 반짝반짝 아름답게 보일 뿐이다.

낙하산 강하 훈련을 경험해본 이들이라면 잘 알겠지만, 낙하산을 펴고 낙하할 때 조심해야 할 것 중 하나가 나무숲이다. 공중에서는 잔디처럼 곱게 보이는데, 막상 가까이 다다르면 뾰쪽뾰쪽한 것이 참으로 위험천만하다. 이처럼 멀리서 보면 실체를 제대로 알기 어려운 것들이 참 많다.

사람도 겉만 보고는 알 수가 없다. '나만 불안하게 사는 걸까?' 하면서 불안이 더 증폭될 수도 있다. '남들은 저리도 편안하고 행복하게 사는데 왜 나만 불안에 떨고 있을까' 하는 생각이 떠나지 않는다. 그런데 거꾸로 남이 나를 보며 '저 사람은 너무 평안하고 행복해 보여 부럽다'고 생각한다.

나의 지인은 동료 한 명을 꽤 부러워했다. 그는 일을 잘할뿐더러 주변 사람들에게 인기가 많았다. 회사 선배들도 예뻐하고 후배들도 잘 따르기에 지인에게 그 동료는 그야말로 선망의 대상이었다. 그런데 어느 날 그가 지인에게 털어놓은 속마음을 듣고 지인은 적잖이 당황했다고 한다.

"왜 사람들이 나를 좋아하지 않을까? 정말 고민이야."

사실, 누구나 저마다의 고민을 안고 산다. 겉으로 사람의 마음을 판단하는 것은 불가능할뿐더러 위험하다. 눈에 보이는 외모는 평가할 수 있지만 마음은 보이지 않는다. 더구나 당사자도 자기 마음을 제대로 모른다. 따라서 마음을 판단한다는 것은 마치 맨눈으로 하늘을 보고 공기의 흐름을 알겠다고 하는 것과 같다. 보이지 않는 마음을 상상하면서 상대의 마음 상태를 지레 짐작하는 것은 억측으로, 성급한 행동에 지나지 않는다.

겉보기에 아무 문제가 없어 보여도 막상 속으로는 중병을 앓고 있

는 경우가 너무나 많다. 일례로, 연예인들은 정말 부러울 게 없어 보인다. 돈도 잘 벌고 인기도 많아 가는 곳마다 사람들의 시선을 한 몸에 받는다. 그러니 선망의 대상으로서 많은 이가 연예인을 꿈꾼다. 하지만 그들도 자기만의 심각한 고민이 있다.

한 유명 방송인은 연예계와 상식, 교양을 아우르는 해박한 지식과 시원시원한 입담으로 인기가 높다. 출연 프로그램 덕분에 고정 팬도 많아졌고, 다른 연예인과 인맥도 두텁다. 아무 걱정 근심이 없어 보이는 그이지만 털어놓은 속마음은 달랐다. 한 프로그램에서 그는 자신만의 고충을 토로했다. 잘못한 행동 때문에 예전부터 사람들한테 욕을 많이 들어 항상 불안했다고, 늘 '내일이 없다'는 마인드로 일이 들어오는 족족 방송을 했는데, 언제 끊길지 모르는 불안감 때문에 자연히 '일중독'에 빠졌다고 말이다.

인기 예능 프로그램에서 개성 있는 예능감으로 더없이 사랑을 받으며 잘나가던 한 개그맨이 돌연 하차했다. 소속사가 밝힌 이유는 다음과 같았다.

'프로그램 특유의 긴장감과 중압감을 안은 채 방송을 하기에는 자신감이 부족한 상황이고, 오래전부터 앓아왔던 불안장애가 심각해지면서 방송을 진행하는 데 큰 어려움을 겪어왔고, 그래서 결국 휴식을 결정하게 됐다.'

연예인뿐만 아니다. 겉보기와 다른 삶을 산 사람은 너무도 많다. 《인어공주》, 《미운 오리 새끼》 등 숱한 명작을 남긴 안데르센은 그야말로 동화 같은 삶을 살았을 것만 같다. 하지만 안데르센의 실제 삶은 '잔혹동화'에 가깝다.

전기에 따르면, 그의 할아버지는 정신병을 앓았고 구두 수선공인 아버지는 평생 좌절감과 결혼생활에 대한 불만족 상태로 살다 그가 11세 때 병사했다. 어머니는 문맹에다 남의 집 가정부로 일하느라 가정을 돌보지 못했고 아버지 사망 2년 후 재혼했다. 새아버지는 안데르센의 교육에는 관심이 없었고 새아버지의 가족들은 그의 어머니를 비천하게 대했다. 게다가 안데르센은 할아버지의 정신병이 유전될 수도 있다는 불안감에 사로잡혀 살았다. 항상 예민했고 다른 아이들과 노는 대신 공상과 이야기 쓰기, 인형 옷을 만들며 지냈다. 불우한 환경과 추한 외모로 인해 늘 열등감에 시달렸고, 사랑한 여인들에게 거절당하면서 평생을 독신으로 살았다.

겉보기에 정도의 차이는 있지만 마음 깊이 들어가면 불안과 걱정이 없는 사람은 없다. 아주 어려 세상을 알지 못하는 아이 혹은 정신적으로 세상과 완전히 결별한 사람들만이 걱정과 불안으로부터 자유롭다. 오죽하면 걱정 없는 사람이 모여 있는 곳은 공동묘지라고 했을까. 다들 자기 불안을 가지고 산다. 심하면 심한 대로 약하면 약한 대로 제 몫이 있다. 견디기 힘들면 넘어지기도 하고 도움을 청하면서 살아간다.

세상 걱정 없을 듯한 어린아이들도 잘 들여다보면 불안과 걱정이 있다. 어른이 보기에는 우습더라도 그들 인생에서는 어마어마하게 심각한 일이 많다. 엄마가 동생을 더 예뻐할까 봐 불안하고 나만 떼어놓고 밖에 나갈까 봐 불안하다. 바람 소리도 불안하고 처음 보는 강아지는 공포의 대상이다. 학생은 친구관계와 학업 문제로 불안하고, 청년은 직장 문제와 결혼 문제로 불안하다. 장년은 자녀 문제와 돈 문제로, 노인은 건강 문제와 노후 문제로 불안하다. 거듭 말하지만 불안은 태어나서 죽을 때까지 일생을 관통한다.

'다모클레스의 검'은 이탈리아 남부의 시칠리아섬에 라쿠사라는 도시국가를 배경으로 한 이야기다. 궁정 신하 다모클레스는 매일 왕의 비위를 맞추며 호화로운 생활을 부러워했다. 이를 눈치챈 디오니시오스 왕이 다모클레스에게 왕의 자리가 부럽다면 왕좌에 앉아보라고 했다. 자리에 앉아 기뻐하는 그에게 왕은 천장을 가리켰다. 거기에는 시퍼렇게 날이 선 칼이 매달려 있었다. 칼은 아슬아슬하게 머리카락 한 올에 매달린 상태였다. 놀란 다모클레스가 왕좌에서 내려왔다. 왕은 "왕좌는 보기에는 좋아도 그 위에는 늘 언제 떨어질지 모르는 칼끝이 도사리고 있는 자리다"라고 했다. 그후 다모클레스는 왕좌에 대한 부러움과 권력에 대한 동경을 모두 버렸다.

이 이야기는, 세상 권력을 다 쥔 절대적 위치의 왕일지라도 긴장 가득한 불안에서 자유로울 수 없음을 알려준다.

사람은 완벽한 존재가 아니다. 항상 부족하고 늘 사건에 노출된다. 도처에는 위험이 널려 있다. 우리는 모두 불안을 안은 채 세상과 싸우고 타협하면서 살아가야 하는 존재다. '나만 불안할까?'라는 의문은 내다버리자. 나도 불안하고 너도 불안하고 모두가 불안하다. 그럼에도 지금 이 순간 저마다 열심히 살고 있다.

7

매일 불안한 당신에게

꽤 오래전에 햄스터를 키운 적이 있다. 아내가 재활용품을 내놓으러 갔다가 햄스터 집을 들고 왔다. 어미와 새끼 여덟 마리, 먹이, 톱밥까지 다 있었다. 누군가가 부담이 되어 가져다 키우라고 내놓은 듯했다. 개나 고양이 등 전통적인 반려동물만 알다가 말로만 듣던 햄스터를 처음 보니 신기했다.

햄스터도 종류가 여럿이다. 흔히 보는 갈색의 조그만 녀석은 로보로프스키라는 종인데, 눈을 깜박깜박하면서 쉴 새 없이 움직인다. 참 귀엽다. 처음 입양한 녀석이다. 그 뒤로 햄스터 공부가 시작되었다. 인터넷 검색도 하고, 책도 보고, 햄스터 카페에 가입한 뒤 종류와 습성을 공부했다. 용품점도 가고 분양도 받아 여러 종류를 키웠다. 한때는 새끼까지 수십 마리가 바글거리기도 했다.

햄스터를 보고 있으면 귀엽고 편안한 느낌이 든다. 손은 꽤 간다.

먹이 주고, 우리 청소하고, 냉난방 문제도 해결해줘야 한다. 햄스터는 한 배에 새끼를 열 마리가량 낳는다. 낳는 대로 키우면 몇 달 안에 온 집이 햄스터 천지가 된다. 그래서 분양 등으로 개체 조절을 해줘야 한다.

햄스터의 하루는 단순하다. 먹고 운동하고 잔다. 그런데 외부에 굉장히 예민하다. 조그만 소리라도 들리면 하던 짓을 멈추고 바짝 긴장한다. 먹을 때나 잘 때나 운동할 때나 바로 반응한다. 약한 종류인 데다 자연 상태에서는 사방이 포식자라 환경에 민감할 수밖에 없는 듯하다. 마음 편하게 밥 한번 못 먹고 계속 주변을 경계해야 하는 삶이 애처롭다.

같은 햄스터지만 덩치가 큰 골든 종은 좀 다르다. 상대적으로 과감하게 행동한다. 주변에 반응하기는 하는데 느긋하다. 사람이 만져도 잽싸게 도망치지 않는다. 심지어 톡톡 건드려도 하던 짓을 계속한다. 손 위에서조차 잠을 잘 잔다.

항상 불안한 로보로프스키 종과 여유 있는 골든 종의 차이는 환경에 대처하는 자신감의 차이일 것이다. 로보로프스키 종은 포식자가 나타나면 도망가는 것밖에 방법이 없다. 살기 위해 무조건 달아나야 한다. 자연계에서 자기보다 덩치가 작은 동물은 드물기 때문일지도 모른다. 그에 반해 골든 종은 어른 주먹 크기다. 꽤 크다. 그 바닥에서는 제일 크고 강하다. 이처럼 덩치에 따른 힘과 자신감이 환경에 대한 대처 방법을 다르게 결정한다. 골든 종이 수명 또한 더 길다.

기억하는 한 나는 늘 불안했다. 대학 신입생 때 아는 누나가 내게 말했다.

"너는 길을 가면서 여기저기 쉴 새 없이 살펴보더라."

나는 "호기심이야" 하고 넘어갔는데, 주변을 살피는 행동은 사실 나의 오래된 버릇이다. 물론 범죄자처럼 주변을 살피는 것은 아니고 호기심 섞인 관찰 정도다. 하지만 당시 나는 붕 떠 있다는 말을 들을 정도로 안정되지 않았다. 오죽했으면 성장 과정에 문제점이 있지 않았을까 할머니에게 물어볼 만큼 진지하게 고민했다.

그 당시 접했던 서적은 노먼 빈센트 필의 《적극적 사고방식》과 지그 지글러의 《정상에서 만납시다》 같은 것이었다. 책을 읽고 나서 삶을 대하는 방식이 바뀔 수 있다는 사실을 처음 알았다. 당시 누구도 인생에 대해 말해주는 사람은 없었다. 공부해서 대학 가라는 말만 들었고 드물게 전통적인 효나 우애, 착하게 살아야 복 받는다는 말을 들었을 뿐이다. 인생에 관한 조언이나 충고는 들은 기억이 없다.

그때로 돌아가서 인생의 롤모델을 만났으면 삶이 어떻게 달라졌을까, 생각하곤 한다. 물론 인생살이의 가장 기본적인 원칙은 부모님께 배웠고 부모님도 자녀들에게 최선의 보살핌과 지원을 하였다. 내가 나의 아이들에게 우리 부모님처럼 아낌없이 베풀 수 있을까 자신이 없을 정도로 말이다. 세상살이에 충분한 지식과 경력은 학교와 사회에서 배웠다. 하지만 누군가에게 삶의 방향과 투자 등에 대한 가르침을 받았다면 지금보다 더 멋지고 넓게 살지 않았을까 하는 아쉬움이 있다.

나는 저 두 책을 통해 인생은 내가 만들어가는 과정이고 내가 생각하는 대로 바뀐다는 사실에 적잖이 감동을 받았다. 또 성격도 바뀐다는 사실을 알았다. 항상 우울하고 부정적이던 성격이 그 책들을 접한 뒤로 많이 바뀌었다. 다음은 《정상에서 만납시다》에 나온 내용이다.

저자가 사는 도시 외곽에 멋진 쇼핑몰이 있는데 그 땅은 원래 쓰레기 매립지였다. 그런데 그 쓰레기들을 다 퍼내지 않고 그 위를 흙으로 덮고 단단히 다진 다음 아름다운 건물을 세우고 멋진 쇼핑몰을 세웠다. 누구 하나 그 땅이 전에 쓰레기 매립장이었고 지금도 건물 밑에는 쓰레기들이 묻혀 있다는 말을 하지 않았으며 또 알지도 못했다. 인생 역시 과거가 힘들고 내놓을 게 없더라도 과거를 퍼낼 필요 없이 지금부터 어떻게 하나에 따라 멋지게 변할 수 있다는 의미였다.

감정도 마찬가지다. 성장 과정에서 부딪히는 경험이 성격을 형성하는 데 중요한 역할을 한다. 하지만 그 사건들을 수십 년 지난 지금 캐내서 무슨 의미가 있을까 싶다. 물론 병적인 신경증이나 불안증은 과거의 상처를 해결하기 전에는 증상이 좋아지지 않는 경우가 있다. 그런 경우는 성장 과정의 상처를 들추고 매듭을 지어야 한다. 그러나 감당할 만한 불안인 경우 지나치게 과거에 몰입되어 사는 것이 과연 바람직할까 의문이다.

'걱정 말아요 그대'의 노랫말 '지나간 것은 지나간 대로'처럼 지나간 일은 의미가 있지만 되돌릴 수는 없다. 어릴 때 부모님에게 받은 상처가 있다고 해도 돌아가신 부모님께 왜 그랬냐고 물어볼 수도 사과를 받을 수도 없다. 단지 그 상황에서 부모님도 '그럴 이유가 있겠구나' 하고 이해할 뿐이다. 게다가 사람의 기억은 불완전하다. 사실로 믿고 있던 사건이 잘못된 기억인 경우도 많다. 되돌릴 수 없는 과거에 너무 집착하기보다는 가능성 있는 앞날에 초점을 맞추는 것이 낫다고 생각한다.

습관을 바꿀 수 있듯이 감정도 바꿀 수 있다. 습관이 몸의 버릇이면 감정은 마음의 버릇이다. 아무리 오래되고 나쁜 습관일지라도 바꿀 수 있는 동력은 사람의 의지다. 물리학에 벡터라는 개념이 있다. 방향과 힘을 뜻한다. 인생도 방향과 힘을 어떻게 정하냐에 따라 결정된다. 긍정의 생각을 하면서 긍정적인 노력을 하는 사람과 부정적인 생각에 찌들어 나쁜 습관을 강화하는 사람의 인생은 분명 다르다. 당장에 차이가 보이지는 않더라도 몇 년, 몇십 년 후에는 삶의 질과 양이 어마어마하게 달라진다.

졸업 후 동창회에 가보면 몇 년간은 다 비슷하지만 세월이 흐르면서 부와 사회적 지위 수준이 달라진다. 그렇게 몇십 년이 지나면 더 이상 같이할 수 없을 정도로 벌어진다. 누구는 사장이 되고 누구는 그 회사의 직원이 되는 일도 드물지 않다. 그때쯤 되면 같은 동창이라도 편하게 만날 사이가 못 된다.

습관이나 인생도 내 의지로 바꿀 수 있다. 오늘 내가 택한 방향이 미래의 내 모습이 되고, 오늘 내가 하는 노력이 그 기간을 짧거나 길게 한다. 우주에 바뀌지 않는 건 아무것도 없다. 지금 나도 바뀌고 내 습관도 바뀌고 내 감정도 바뀐다. 더불어 내 인생도 바뀐다.

오늘 불안한 이유는 내가 지금까지 불안을 선택한 결과다. 여러 감정 중에서 불안감을 선택하여 불안하게 반응하고 불안한 상태를 정상처럼 생각한 탓이다. 결국 나 스스로 키운 것이다. 감정은 자연스럽게 내면에서 생겨나는 무엇이 아니다. 내 마음과 타협하거나 내 마음이 자주 사용하는 여러 감정 중 하나가 자라는 것이다. 그래서 내가 가장 많이 키운 감정이 내 성격이 되고 나아가 내 인생을 대표하게 된다.

가장 무책임한 말이 "내버려 둬, 그냥 이대로 살다 죽을래"이다. 이 말은 노력하지 않겠다, 굳이 바꾸려고 들지 않겠다는 선언이다. 그것도 아주 강한 포기의 선언이다. 긍정적인 사람, 꿈이 있는 사람은 절대 "내버려 둬" 하지 않는다. "이대로 살다 죽을래"라고도 하지 않는다. 지금 좋아도 더 좋은 삶이 있다는 것을 알기에 지속적으로 바뀌나가려 노력한다.

오늘 불안하고 힘들다 하여 앞으로도 계속 힘들고 불안할 거라는 생각은 버려야 한다. 내버려 두면 바뀌지 않는다. 오늘을 어제처럼 살면서 내일이 달라지길 바라는 것은 도둑 심보다. 매일 조금씩이라도 바꿔라. 그러면 반드시 바뀐다.

Chapter 2

불안도 습관이다

1

불안은
마음이 보내는 신호다

큰아이의 유아 시절,《시골쥐와 서울쥐》라는 동화를 좋아해서 자주 읽어주곤 했다. 당시 발음이 어려워 "띠오쮜와 띠오쮜 읽어쮜" 하곤 했다. 내용은 사촌 간인 쥐들의 이야기다.

시골로 놀러 온 서울쥐가 먹을 것이 형편없다며 그길로 시골쥐를 서울로 초대한다. 서울에 갔더니 듣도 보도 못한 먹을 것이 많았고 모두 맛있어 보인다. 그런데 웬걸, 고양이와 사람의 등쌀에 제대로 식사할 수 없을뿐더러 바짝 긴장하고 불안에 떨며 도망 다니기 바쁘다. 시골쥐는 불안하게 사느니 차라리 맛없는 것을 먹더라도 마음 편히 살겠다며 서울을 떠난다.

맛있는 음식도 좋지만 마음 편한 게 우선이다. 마음이 불안하면 미각에 브레이크가 걸려 맛을 제대로 못 느낄뿐더러 심지어 인생살이 자체가 팍팍해진다.

마음이란 무엇일까? 한마디로 육체와 반대 또는 대비되는 부분을 마음이라고 할 수 있다. 몸은 마음을 담는 그릇이고 몸과 마음은 상호작용을 하며 같이 움직인다. 요컨대 몸은 눈에 보이는 '나'이고 마음은 눈에 보이지 않는 '나'이다. 이런 점에서 마음은 '영혼'이자 '정신'이자 '자아'이다.

마음의 영역은 기억, 감정, 느낌, 의지 등 정신적인 부분이다. 몸은 현실 세상과 소통하는 통로 역할을 하고, 마음은 방향을 조절한다. 몸이 자동차라면 마음은 운전자다. 몸은 대부분 마음이 생각하는 대로 움직이고 마음이 그리는 대로 변화한다. 가끔 몸과 마음이 어긋나는 일이 있다. 이럴 때 마음이 불편한데, 그에 따른 부정적 증상들이 나오고 심하면 병이 되기도 한다.

마음은 크게 의식과 무의식으로 나눌 수 있다. 의식은 내 의지대로 내가 주관하는 영역이다. 하고 싶은 일을 하고, 가고 싶은 곳을 가고, '나'임을 인식하고, 내가 만들어가는 부분이다.

무의식은 의식보다 훨씬 크다. 흔히 빙산에 비유되는데, 물 위에 보이는 부분이 의식이고, 그보다 수십 배 큰 물 밑의 부분이 무의식이다. 즉, 어떤 의미에서 무의식이 진정한 '나'이다.

불안은 의식에서도 발생하지만 무의식에서도 나온다. 의식에서 알아채는 불안은 주로 원인을 알 수 있다. 반면 무의식에서 출발하는 불안은 원인을 알기가 어렵다. 성장 과정에서 받은 상처나 경험에서 나오기 쉬운데, 무의식으로 숨은 성장 과정의 상처는 여러 방어기제로 덧씌워져 실체나 1차적 원인을 쉽게 알 수 없다. 문제가 되는 불안은 주로 우리의 무의식에서 발생한다고 볼 수 있다.

마음은 많은 일을 한다. 늘 바쁘다. 주변에서 들어오는 신호를 받아들이고 해석한다. 사건이 생겼을 때 분석·대응·처리한다. 사건이 정리된 뒤 반성하고 검토하고 대비하는 일도 마음이 한다. 이런 경험은 차곡차곡 데이터화되어 일부는 기억으로 남고 일부는 무의식에 저장된다.

시간이 흘러 쌓인 데이터는 나중에 비슷한 상황이 왔을 때 과거 기록을 끄집어내어 대처 방향을 결정하는 데 유용하게 사용된다. '사는 데 필요한 것은 유치원에서 다 배웠다'는 말이 나오는 이유다. 산다는 것은 사람과 관계한다는 뜻인데, 어린애나 어른이나 갈등·협력·대립·투쟁·화해하는 기본적 행동구조는 변하지 않는다. 대상이나 범위가 달라지고 확대될 뿐이다.

마음은 본능적으로 안전을 추구한다. 평안하고 안정된 상태를 좋아한다. 정돈되지 않은 상황, 예측할 수 없는 환경을 싫어한다. 신문 경제면에 '시장은 불확실성을 싫어한다'는 말이 자주 나온다. 큰 사건을 앞두면 주식 시장이 민감하게 반응한다. 보통 하락 쪽으로 방향을 잡거나 횡보를 하다가 막상 사건이 터지면 상승하는 경우가 많다. 오래전 이라크전쟁을 앞두고 주식 시장이 숨을 죽이고 있었다. 상식적으로, 전쟁이 나면 경제에 좋지 않다. 그러나 막상 전쟁이 시작되니 주식 시장은 상승했다. 이것을 '불확실성이 제거되었다'라고 표현했다. 경제도 사람의 본성을 반영한다. 마음도 불확실성을 싫어한다. 나쁜 결과가 오더라도 막상 결정이 나면 마음이 편하다는 것이다. 오랜 도피생활을 하다가 잡힌 사람들은 하나같이 오히려 홀가분하다고 말한다. 즉, 마음은 불안한 자유보다 결과에 상관없이 결정이

난 현재를 더 선호한다는 뜻이다.

불안은 신호다. 마음이 내 몸과 의식에 보내는 신호다. 가벼운 경고일 수도 있고, 준비가 다 되었다는 자신감일 수도 있고, SOS일 수도 있다. 한마디로 '나 좀 봐줘'라는 신호다. 대부분 불안감은 사건이 터지기 직전이나 결정 또는 행동의 시작 직전에 최고조에 이른다.

단거리 육상 선수가 출발선에서 출발 신호가 울리기 직전에 받는 스트레스는 극에 달한다. 불안감에 못 이겨 먼저 출발하는 선수가 나온다. 부정 출발로 실격 처리되지만 일부러 먼저 출발할 선수는 없다. 극도의 긴장감에 움찔하다 몸이 먼저 반응했을 뿐이다. 올림픽에 출전하려 평생을 준비했는데 어이없는 실수로 도전 기회마저 잃은 선수들이 많다. 이런 현상은 단거리 경주에서 주로 나타난다.

박태환 선수도 미리 물에 뛰어들어 실격한 적이 있다. 짧은 시간에 승부가 결정되는 만큼 장거리보다 더 집중해야 하고 더 긴장해서 그만큼 불안감이 더 크다는 말이다. 마음의 불안을 몸이 미처 보듬지 못해 생기는 안타까운 일이다.

의식이 보내는 불안에는 긍정적인 불안도 많다. 시험 직전의 가벼운 긴장, 소개팅을 나갈 때 느끼는 기분 좋은 불안감, 출발 신호를 앞둔 선수들의 긴장감 등등……. 이런 불안은 준비를 더 잘하라는 격려이기도 하다. 이 불안은 일이 해결되면 즉시 사라진다.

불안감이 심하면 몸에 여러 반응이 나온다. 예컨대 시험을 앞두고 화장실을 자주 들락거리거나, 심지어 손이 떨려서 시험을 망치기도 한다. 그럼에도 반복적인 훈련과 노력으로 조절이 가능하고 불안감의 끝을 예측할 수 있다.

사실, 이런 불안감은 병적 두려움의 대상이 아니다. 더 열심히 하라는 격려이고 더 치밀하게 준비하라는 충고요, 현실에 안주하지 말고 미래를 준비하라는 채찍질이기 때문이다. 불안하기에 준비하고 노력하고 대비한다. 내 마음속의 목표와 내가 처한 현실 사이의 거리가 클수록 현재 내 모습에 불만이 많고 미래에 대한 불안감 또한 많이 생긴다. 마음은 자꾸 주저앉으려는 나에게 앞에서 끌고 뒤에서 미는 고마운 존재다. 어쩌면 불안은 마음이 힘내자고 보내는 편지다.

무의식에서 올라오는 불안은 다르다. 이 불안은 대상이 불분명하고 시작과 끝을 잘 알기 힘들다. 분명 원인이 있을 듯한데 정확한 원인을 모른다. 또 몸과 마음의 증상도 다양하고 오래가고 깊다. 불면증, 우울, 식욕장애가 나타난다. 이 증상이 오래 지속되면 자존감이나 자신감도 손상된다. 극단적인 경우 공황장애로까지 발전한다.

이 정도면 일상생활이 어려우니, 전문의의 도움을 받아야 한다. 공황장애는 개인의 의지로 조절할 수 있는 수준을 넘는다. 망설이지 말고 전문가의 도움을 받는 것이 치료의 지름길이다. 내가 감당할 수준을 넘어서면 질병으로 대해야 한다. 상담과 약물치료 등으로 불안을 조절해야 한다. 혼자 고민해봐야 답은 나오지 않는다. 무의식과 싸워서 이길 수는 없다.

'그까짓 불안 때문에 치료를 받아야 하나?', '불안 때문에 정신과를 가야 하나?' 하는 편견은 버려라. 몸이 아프면 병원에 가는 게 당연하다. 민간요법이 어느 정도 효과 있다고 해서 현대의학을 포기한 채 그것에만 매달리는 짓은 어리석은 행위다. 스마트폰은 매일 쓰면서 봉화에 의존하는 꼴이다. 마음이 아프면 병원에 가야 한다. 마음의 병원은 정신건강의학과다. 고생은 고생대로 하고 일상은 망가져 직장까지 포기한 뒤 병원을 찾는 어리석음은 버려라.

거듭 말한다. 불안은 마음이 나 자신에게 보내는 신호다. 불안감을 느끼면 무시하지 말고 의미를 생각하는 것이 좋다. 긍정적인 불안감은 살짝 긴장감으로 나온다. 이럴 때는 '내가 준비하고 있구나' 하고 받아들이면 된다. 그러나 원인 모를 불안감이 오랜 시간 계속되고 일상까지 영향이 있다면 반드시 전문가의 도움을 받는 것이 정답이다.

2

불안 뒤에 숨지 마라

나는 신혼여행을 괌으로 갔다. 관광 프로그램 중에 스노클링도 있었다. 호흡을 가능하게 하는 대롱을 물고 얕은 바닷속을 헤엄치며 구경하는 해양레저인데, 물도 따뜻하고 바다 속 풍경도 잘 보여 신났다. 여기저기 구경 다니다가 조금 멀리 갔다 싶은 순간 멀찌감치 깊은 바다가 보이기 시작했다.

'깊은 못, 빠져나오기 힘든 구렁'의 심연. 그때 단어로만 알던 심연을 실제로 보았다. 끝없이 앞으로 밑으로 펼쳐진 검은 물을 마주하자 온몸에 소름이 돋았다. 바닷물은 따뜻했지만 식은땀이 나고 전율이 등골을 타고 흘렀다. 반항 한번 못하고 속수무책으로 빠져드는 듯한 공포를 그렇게 느꼈다. 지금도 검고 깊은 바다를 생각하면 오싹한 기분을 떨치기 어렵다.

나는 몸을 돌려 결사적으로 팔다리를 휘저어 얕은 물로 도망쳤다.

뒤에서 검은 물이 나를 잡으러 쫓아오는 듯했다. 기를 쓰고 혼자 죽어라 도망치고 있는데 다른 사람들은 너무 평온해 보였다. 발이 바닥에 닿고 머리를 물 위로 내놓는 순간 안심이 되었다. 공포심은 사라지고 안전하다는 확신이 들었다. 비록 멀찌감치 심연이 있지만 물 밖에서는 더 이상 보이지 않았다. 내가 다가가지 않으면 나에게 올 일도 없는 심연. 심연이 그렇게 다가왔다가 내 의지에 따라 멀어졌다.

그 후 공포, 불안을 말할 때면 심연이 떠오른다. 발을 담그면 절대 빠져나올 수 없고 끝없이 빛도 보이지 않는 바닷속 같은 미지의 공간 그 자체다.

누구나 일정 수준의 불안을 안고 산다. 가벼운 긴장감에서 곧 죽을 것만 같은 공포까지……. 원인도 제각각이고 강도 또한 다 다르다. 삶에 연륜이 쌓이고 불안의 경험이 쌓이면 자기만의 불안관리 노하우가 생긴다. 엄마의 잔소리처럼 각자 불안의 잔소리를 들으면서 산다. 일을 시작하기 전 가벼운 불안, 행동 직전 최고조에 달하는 불안, 시험을 앞두고 이렇게 놀면 안 되는데 하는 불안 등등 삶에서 잔소리와 불안은 뗄 수 없는 요소다.

일상적인 불안은 한편으로 삶에 도움이 된다. 불안하지 않으면 준비하지 않을 것이고, 긴장하지 않고 일을 잘 처리하려는 노력도 하지 않을 것이다. 미래를 준비하고 위험에 대비하는 것도 불안해서다. 이처럼 불안은 삶의 여러 부분에 긍정적인 효과를 선사한다.

장애가 아닌 일상 감정으로서의 불안은 삶의 일부이며 익숙한 반응이다. 우리는 매일 여러 강도의 불안을 경험하고 갖가지 원인의 불안과 부딪히며 살아간다. 또한 매일 새로운 것을 배우며 성장하는데, 새로움은 반드시 불안을 동반한다. 이 불안을 의식적으로, 무의식적으로 컨트롤하면서 성장하고 성숙하는 것이 삶의 과정이다. 요컨대 적절한 불안은 삶의 인도자이자 감시자라고 하겠다.

그런데 불안에도 일정한 패턴이 있다. 공황 수준의 비정상적으로 폭주하는 불안은 예측 불가능이지만, 적절한 불안은 예상 가능하다. 심장이 어느 정도 뛸지, 손발에 어느 정도 땀이 찰지, 숨이 얼마나 빨라질지 알고 또 일정 시간이 지나면 사그라진다는 것도 알고 있다. 그래서 '내 몸이 준비하라고 신호를 보내는구나' 하고 예측하면서 준비한다.

운전에 익숙하다는 말은 운전 규칙에 익숙하다는 뜻이다. 도로 사용 규칙을 받아들인다는 의미다. 반대 방향에서 오는 차는 차선을 넘지 않는다는 사회적인 약속을 믿고 운전한다. 그래서 앞이 안 보일 정도로 비가 오고 안개가 끼어도 운전이 가능하다. 이런 규칙이 깡그리 무시된다면 도로는 그야말로 아수라장이 될 것이다. 인도와 차도가 뒤엉키고 운전자도 보행자도 목숨 걸고 다녀야 할 것이다. 이러한 사태를 방지하기 위해서 익숙하다는 것, 규칙을 지킨다는 것은 편익과 더불어 생존을 위한 최소한의 약속이다. 운전할 때 길과 신호등에서 약속된 것처럼 불안도 약속된 신호를 보내고 약속된 방향으로 행동한다.

예측할 수 없는 불안은 공포, 공황, 불안장애 등이다. 불안 반응이 워낙 커 몸과 마음을 사정없이 짓누른다. 이성이 감정을 통제하지 못

하고 불안이 내 몸을 가지고 논다. 쓰러지기도 하고 의식을 잃기도 하고, 죽을 것 같은 공포가 밀려든다. 몸과 마음의 아노미 상태다. 반복되면 일상생활이 불가능하고 치료를 받는 게 최선이다.

핑계 없는 무덤은 없다고 했다. 핑곗거리는 다양하고 모든 일에는 핑계를 댈 수가 있다는 말이다. 거꾸로 말하면 대부분 사람들은 핑계를 대지 않는다는 뜻이다. 불안해도 핑계를 대지 않고 자기 삶을 살아간다.

불안을 핑계 삼아 뒤로 숨는 경우가 있다. 숱한 이유가 있는데 불안하기 때문에 못 하겠다, 못 가겠다고 한다. 자신 없다는 표현을 많이 한다. 그런데 불안 때문에 못 하겠다면 삶을 포기하는 것과 다를 바 없다. 우린 본능적으로 낯선 것을 경계하고 익숙한 것을 선호하기 때문이다.

그러나 삶의 기회는 낯선 것, 낯선 곳에 있다. 익숙한 곳은 이미 남이 선점하고 있다. 익숙한 곳도 전에는 낯선 곳이었다. 누군가 불안을 극복하고 도전한 뒤 익숙하게 만든 것이다. 불안하다고 해보지도 않고 물러난다면 삶의 대부분을 경험하지 못하고 지나쳐버릴 수밖에 없다. 그리고 우리에게 닥친 거의 모든 불안은 극복할 만하다. 불안이 본질적으로 생명체의 정상 활동을 못 하게 하는 속성이 있다면 이미 생명체는 멸종했을 것이다.

무척 아이러니하게도 불안은 생명을 유지하게 하는 필수 감정이다. 즉, 불안은 받아들일 만하고 또 조절할 수 있는 감정이다. 신은 시련도 불안도 견딜 수 있는 만큼 주었다. 충분히 견딜 수 있고 극복할 수 있다. 장애 수준의 불안은 예외로 하고 불안을 핑계로 숨는다면 해보지도 않고 포기하는 것과 다를 바 없다.

삶에서 어떤 도전이든 그때는 어렵고 무섭다. 지나고 나면 추억이지만 당시에는 모든 것을 걸어야 한다. 누구나 당연히 하는 행동인 뒤집기도 아기들에게는 인생을 건 모험이다. 천장만 보다가 머리도 제대로 못 가누는 아기들이 엎드린다. 자칫 죽을 수도 있다. 걷기도 때가 되면 익숙해지는 당연한 행위가 아니다. 아기들은 걷기 위해 수도 없는 도전과 시행착오를 거듭한다. 넘어지고 일어나는 숱한 반복을 거쳐 비로소 온전히 걷는 것이다.

사람은 새로운 도전을 하게끔 본능에 내장되어 있다. 낯선 것에 대한 호기심도 본능이다. 무섭고 불안하지만 자꾸 만져보고 접해본다. 불안을 핑계로 시도하지도 않는다면 늘 제자리에 머물 수밖에 없다.

넓은 세상은 새로운 것도 많고 기회도 많다. 불안을 핑계로 항상 쳇바퀴 도는 삶만 살기에는 너무 아깝지 않은가.

새로운 일을 준비할 때, 해보지 않은 일에 도전할 때, 낯선 곳으로 갈 때, 심지어 오늘은 새롭게 불안한 날일 수도 있다. 어제는 지난 삶이라 익숙하지만 오늘 눈을 뜬 순간부터는 완전히 새롭다. 아무도 모르는 미지의 시간이 시작된 것이다. 이처럼 낯선 삶, 낯선 시간끼리 부딪히지만 지금까지처럼 흘러가리라는 믿음으로 사회와 개인의 삶이 유지된다.

불안하다고 핑계대지 마라. 치료받을 정도의 불안이 아니라면 분명 극복할 수 있고 즐길 수 있다. 곁에 있는 불안을 과감히 이용하라. 등을 떠밀 도우미로, 도움닫기를 할 발판으로 삼자. 우리 선조들은 수십만 년 동안 불안해도 행동하고 탐험하면서 발전해왔다. 선조들이 이룩한 문명의 혜택을 받고 있는 우리가 불안에 눌려 산다는 것은 좀 우습다. 핑계대지 말자. 준비가 안 되었다고는 해도 불안해서 안 되겠다는 말은 하지 말자.

3

불안보다
반응이 문제다

　어릴 때 방에 지렁이가 가득한 꿈을 가끔 꾸었다. 지금도 미끄러운 동물을 싫어하고 꺼려한다. 꿈에서라도 나올까 봐 불안하다. 오래전 일인데 아직도 오싹하다. 뱀이나 지렁이처럼 미끈미끈하고, 길고, 기어 다니는 짐승이 나타날까 봐 불안하다. 그때 꿈속이었지만 온몸에 소름이 돋고 식은땀이 나고 몸이 움직이지 못할 정도로 굳는 느낌이었다.

　이성은 지렁이가 나를 해치지 못한다는 것을 안다. 여러 번 꾼 꿈이라, 이번에도 꿈이라는 사실을 안다. 하지만 몸은 제 갈 길을 간다. 이것이 불안 반응이라는 것을 나중에 알았다.

　불안 반응은 불안감을 느낄 때 몸에서 스트레스 호르몬이 분비되며 나타난다. '투쟁도피 반응'과 '죽은 듯 멈추는 반응' 두 가지가 대표적이다. 스트레스 호르몬이 분비되면 몸에는 여러 변화가 일어난다. 위급 상황에서 힘을 써야 하기 때문에 피를 근육으로 일순간 보낸다. 그래서 심장이 빨리 뛰고 혈압이 오른다. 그러면 소화기관으로 가는 피를 줄일 목적으로 내장 혈관이 수축된다. 뒤이어 호흡이 빨라지고 목표에 집중하려 동공을 줄이고 시야를 좁힌다.

갑자기 심장이 빨리 뛰니까 가슴이 두근거리면서 답답한 느낌이 들 수도 있다. 심장이 쿵쾅거리는 것도 그 자체로 무서운데 거기에다 혈압까지 오르면 이러다 몸속 혈관이 터질 것 같다는 공포심이 든다. 장으로 가는 혈관이 수축되면 배가 쥐어짜듯 아플 수도 있다. 이때 온몸에 자신도 모르게 힘이 들어가니까 팔, 다리, 허리가 아플 만큼 뻐근하다. 이제 호흡이 빨라지면서 몸 안의 이산화탄소가 줄어들어 체액이 알칼리화된다. 어지러움, 감각 이상, 손발의 경련, 실신 등이 올 수 있고 온몸의 힘이 빠지기도 한다. 심장 부위가 아플 수도 있고 심장이 제멋대로 뛸 수도 있다. 이를 과호흡증후군이라 하는데 응급 처치로 머리에 봉투를 씌우거나 입에 봉투를 대고 숨을 쉬면 좋아진다.

사실, 불안 반응은 달리기 전 출발선에서 총성을 기다릴 때의 두근거림이나 이성을 처음 만날 때의 가슴 설렘 등과 비슷하다. 그런데 경우에 따라서 어떤 때는 기분 좋은 긴장감으로, 어떤 때는 두려운 공포로 받아들인다.

꿈보다 해몽이라고, 상황은 받아들여 해석하기 나름이다. 냉정히 보면 세상은 중립 가치가 훨씬 많다. 자연이나 인생이 사람에게 적대적인 경우는 별로 없다. 잘해주는 일도 없다. 제 길을 가는데 그걸 마음대로 해석하는 것이다. 같은 꽃 앞에서 누구는 처량하다 하고, 누구는 청초하다 한다. 꽃은 사람을 만족시키려 피지 않는다. 단지 종족을 번식하려 곤충을 유혹하고자 최대한 화려하게 치장하는 것일 뿐이다. 그걸 보고 사랑의 표시이네, 이별의 상징이네 하고 맘대로 꽃말을 붙여 찬양하면서 꺾고 꾸민다. 꽃은 그냥 꽃이다.

불안 반응은 특별히 사람을 불안하게 하려 일어나는 현상이 아니다. 마음의 변화에 따라 호르몬이 분비되고 호르몬의 지시대로 몸이 준비하는 과정일 뿐이다. 이걸 두고 어떤 때는 기분 좋은 흥분이라 하고, 어떤 때는 죽을 듯 무섭다고 한다. 같은 상황인데 해석은 천차만별이다.

즉, 감정이나 몸의 반응은 잘못이 없다. 마음이 느낀 대로 학습된 대로 반응한다. 불안하면 정해진 대로 불안 반응이 진행된다. 호르몬이 나오고 몸이 긴장하고 힘이 들어가고 심장이 뛴다. 이런 몸의 반응을 내가 알아채고 점점 불안이 심해진다. 악순환의 고리가 형성되며 몸과 마음에 각인된다. 몇 번 반복되면 이젠 그 경험과 상황은 공포가 된다.

몸의 반응 못지않게 마음의 반응도 중요하다. 몸의 반응은 호르몬이 주도하고, 마음의 반응은 뇌의 변연계라는 곳에서 일어난다. 변연계는 몸의 본능적 감정 등을 담당하는 부위로, 여기서 불안을 감지하면 공포심이 들고 집중력이 떨어진다. 심하면 아무 생각이 안 나고 머리가 하얗게 되기에 이른다. 이처럼 뇌에서 불안을 느끼면 자율신경계를 통해 몸의 불안 반응이 유도된다. 이 과정은 우리가 조절해볼 틈도 없이 자동으로 일어난다. 의식적으로 제어할 수 없는 영역이고 자율신경계라는 독자적 영역에서 진행되므로 어쩌면 더 불안한지도 모르겠다.

불안할 때 일어나는 몸과 마음의 변화는 우리가 의지로 참여할 부분이 딱히 없다. 특정 상황에서의 불안은 나도 모르게 느끼는 경우가 많다. 그러면 자동으로 자율신경계를 통해 스트레스 호르몬이 분비되고 몸 구석구석으로 불안 반응이 따라온다. 의식하기도 전에 한순간 진행된다. 의식할 때는 이미 심장이 뛰고 숨이 가빠진 상황이다. 거꾸로 숨이 가쁘고 심장이 뛰니까 '아, 지금 불안하구나!' 하고 느끼는 경우가 더 많다.

불안 반응은 아주 정상적인 몸에서 일어나는 현상이다. 상황에 따라 마음은 몸을 지키려고 경고 신호를 보낸다. 자기 임무에 충실할 뿐이다. 이에 따라 교감신경이 활성화되어 호르몬이 분비되고 정해진 공식대로 몸이 반응한다. 반대로 더 이상 위험이 없다고 확인되면 경계 신호가 풀리고 교감신경의 반대 역할을 하는 부교감신경이 일을 시작한다. 혈압이 떨어지고, 막 뛰던 심장도 정상 수준으로 돌아오고, 가쁘게 쉬던 숨도 평소로 돌아간다. 장의 운동도 정상이 되고 바짝 힘들어간 팔다리도 풀린다. 긴장이 풀리면 온몸에 힘이 빠지는 느낌이 드는 것은 이 때문이다. 몸은 이런 반응을 계산하고 하지 않는다. 그저 각자 맡은 일을 성실히 할 뿐이다.

불안하거나 무서웠던 순간이 지나면 대부분 잊어버리고 아무 일 없이 살아간다. 그러나 불안했던 기억을 심각하게 받아들이는 경우가 드물게 있다. '자라 보고 놀란 가슴 솥뚜껑 보고 놀란다'는 속담처럼 한 번 심하게 충격을 받은 상황이 반복되거나 그 장소에 다시 가면 자기도 모르게 가슴이 두근거리고 정신이 아득해진다. 불안 반응의 악순환이 시작된다. 이렇게 되면 생각만으로도 가슴이 떨리고 숨막히는 느낌을 경험한다.

이 정도쯤 되어야 비로소 공황장애라 할 수 있는데, 이럴 경우 즉시 전문의의 도움을 받아야 한다. 흔히 정신과 약을 먹으면 평생 먹어야 하고 몸의 기능에 영향을 준다는데 요즘 약들은 습관성과 부작용이 많이 줄었다. 전문의의 지도에 따라 복용하면 대부분 안전하다. 또 정신과라고 하면 미친 사람이 가는 곳이라는 사회적 편견도 지금은 매스컴이나 인터넷 등의 정보를 통해 오해가 많이 풀렸다. 내가 통제할 수 없는 상태이고 일상생활에 지장을 줄 정도의 불안 반응이라면 하루 빨리 전문의의 도움을 구하는 것이 고생도 덜하고 만성으로 가는 진행을 막을 수 있다.

컴퓨터에 조금이라도 관심이 있는 사람이라면 'Y2K'를 알 것이다. 2000년에 컴퓨터 대란이 온다고 온 세계가 떠들썩했다. 세상의 모든 컴퓨터가 오작동을 해서 세계적인 대혼란이 일어날 거라며 난리도 아니었다. 물론 무탈하게 21세기가 시작되었다. 철저한 준비로 혼란을 막았다는 주장도 있지만 지나치게 호들갑을 떨었다는 것이 대체적인 평가다.

지금은 그런 일이 있었나 싶지만 당시 정말 대단했다. 전산 오류로 핵전쟁이 날 수 있다는 둥 모든 전산 시스템이 마비되어 인류 문명이 위험하다는 둥 갖가지 상상이 다 동원되었다. 꼬리에 꼬리를 물고 비관적인 상황이 다 회자되었다. 그런데 이 모든 소동이 사라지는 데는 1초도 걸리지 않았다. 1999년 12월 31일 11시 59분 59초에서 딱 1초가 지나자 모든 암울한 예측은 순식간에 가라앉았다. 아무 일도 안 일어났으니까.

당장 죽을 것 같은 불안도 시간이 지나면 거짓말처럼 사라진다. 불안은 내 몸을 어쩌지 못한다. 심장이 좀 더 뛴다고, 숨이 좀 가쁘다고 죽지는 않는다. 만약 죽을 정도로 심장이 뛰거나 숨을 가쁘게 쉬면 몸이 더 이상의 진행을 막는다. 기절을 한다든지 해서 자동적으로 응급 처치를 하는 것이다. 절대 몸은 스스로 죽을 길을 가지 않는다.

최악으로 인도하는 것은 사람의 의지다. 죽을까 봐 무서워서, 불안한 경험을 다시 하기 싫어서, 자기 의지로 최악을 향해 달려간다. 밖에 나오지 않고 방에 처박히는 소극적인 행위를 하거나 심하면 스스로 목숨을 끊기도 한다. 죽기 무서워서 미리 죽는 기막힌 일이 벌어진다.

의미 없는 존재란 없다. 모든 생명체는 생존이 제일 큰 목적이다. 몸속 모든 세포와 장기, 반응과 행동도 결국은 생존을 위한 장치다. 불안도 생존에 절대 필요한 본능이다. 이런 본능이 제 몸을 해칠 일은 없다. 지레 짐작해서 미리 겁먹지 말자. 불안해 죽겠다면 끝까지 불안해져보자. 절대 죽을 일 없다.

4

불안이 불안을 낳는다

아내가 큰 아이를 임신했을 때 일이다. 어느 날 심각한 목소리로 아내가 전화를 걸어왔다. 배 속의 아이가 움직이지 않는다는 것이다. "그럴 수도 있지"라고 말은 했지만 갑자기 무서운 생각이 들었다. 급히 산부인과를 방문해서 초음파 검사를 했다. 물론 아이는 잘 있었다. 쿵쿵대는 심장 소리가 "걱정 마. 엄마, 아빠" 하는 소리로 들렸다. 작은 의문에서 최악까지 생각하는 데 시간은 별로 걸리지 않았다.

불안의 자기 확장성은 실로 무시무시하다. 번식력이 대단하다고 알려진 쥐 한 쌍은 한 해에 그 개체를 1,250마리까지 불린다고 하는데, 불안은 순식간에 지구를 덮을 수도 있고 인생을 망칠 수도 있다. 눈에 보이지 않는 불안의 전파력이나 폭발력은 그토록 무섭다.

자동차가 정지 상태에서 시속 100킬로미터 속도까지 이르는 시간을 제로백이라고 한다. 제로백은 차의 성능을 평가하는 잣대 중 하나로, 수억 원을 호가하는 람보르기니나 포르쉐처럼 슈퍼카일수록 시간이 짧다. 불안의 제로백은 더 짧다. 0에서 사람을 옴짝달싹 못 하게 만드는 데까지 순식간이다.

운전면허를 막 딴 초보 때는 차를 몰고 싶은 마음이 굴뚝같다. 기회만 되면 핸들을 잡고 싶지만 한편으로는 운전이 무섭다. 운전한 지 몇 달이 지나 핸들이 제법 손에 익은 때였다. 한적한 산길을 지나는데 갑자기 불안감이 몰려왔다. 순식간에 눈앞이 캄캄해지면서 손이 움직이지 않고 가슴이 턱 막혔다. 도저히 운전을 할 수가 없어 차를 길가에 세우고 한참을 멍하니 있었다. 정말이지 그 지독한 불안감은 공황상태나 다름없었다. 만약 여러 번 반복된다면 일상생활은 불가능할 듯했다.

사실, 불안감 자체는 큰 문제가 되지 않는다. 불안도 여러 감정 중 하나일 뿐이다. 즐거워서 사람이 죽거나 다치는 일은 없다. 기뻐서 문제가 된 일도 없다. 기쁘다고 상담을 받고 기쁨을 주체할 수 없어 약을 먹거나 입원하지 않는다. 사랑에 빠지면 뇌가 마비된다. 하루 종일 그 혹은 그녀의 모습만 떠오르고 멀리서 뒷모습만 봐도 온몸에 전기가 흐르고 이성이 마비된다. '사랑은 미친 짓이다'라는 말의 맥락처럼 정신병 비슷한 뇌 반응을 보인다. 그래도 비정상이라고 하지 않는다.

대부분의 감정은 한계가 있다. 사랑도 시간이 지나면 식는다. 며칠 가는 기쁨 없고 몇 년 가는 사랑 없다. 음식도 처음 먹을 때는 맛있는데 여러 번 먹으면 물린다. 여행도 같은 장소를 두 번 가면 무덤덤하다. 한계체감의 법칙에 따르면 처음이 제일 맛있고 설렌다. 심지어 사랑하는 사람도 함께하는 시간이 오래일수록 익숙해져서 변화에 둔해진다. 긍정의 감정도 부정의 감정도 시간이 지나면 둔해지고 익숙해진다.

물론 시간이 지나도 감정이 익숙해지기는커녕 증폭되는 경우가 있다. 불안의 특징 중 하나가 불안이 불안을 부른다는 점이다. 한 번 불안한 사람은 불안했던 그 기억으로 불안을 무서워한다. 또 불안하면 세상이 모두 무섭게 보인다. 그래서 사소한 것도 모두 불안의 증폭제가 된다.

꼬리에 꼬리를 물듯, 눈덩이 하나가 눈사태를 초래해 온 산을 덮듯 밀려오는 것이 불안의 특징이다. 마치 기다렸다는 듯이 그동안 경험한 불안의 기억이 계속 튀어나온다. 기억뿐 아니라 그동안 겪은 불안한 상황에서 느꼈던 당혹감 등 2차적인 감정까지 몰려온다. 폭우 속에 비를 맞는 것처럼 불안의 기억과 감정 세례를 맞고 나면 몸과 마음이 너덜너덜해진다.

방아쇠를 당기는 행위로 총알이 발사되고 상대를 해친다. 불안도 방아쇠가 있다. 몸의 불안 반응 방아쇠는 불안감이 느껴지면 방출되는 스트레스 호르몬이고 마음의 방아쇠는 사람마다 다르다.

인류의 공통적인 불안 요소는 마음의 방아쇠가 될 수 있다. 생명을 위협하는 환경이나 외부의 적, 뱀이나 사자 같은 무서운 동물 또는 천둥 번개 같은 자연현상 등등……. 개인의 성장 과정에서 잠재된 무의식도 가능하고, 개인이 겪은 특수한 경험이 원인이 되기도 한다.

집단의 기억도 원인이 된다. 칼 융은 이것을 '집단무의식'이라고 했다. 우리나라 사람들의 뇌리에는 양면성의 호랑이가 각인되어 있다. 익숙하면서도 무서운 대상 그리고 경외의 대상으로 말이다. 오죽하면 우는 애를 달래는 데 곶감과 호랑이를 교대로 들이밀었을까.

호랑이는 대대손손 공포와 불안을 상징하는 동물이었다. 생각해 보라. 지금처럼 무기가 발달하지 않았던 시절, 혼자 인적 없는 산길을 지나다가 호랑이를 만나면 꼼짝없이 죽은 목숨이었다. 가끔 배부른 호랑이가 그냥 보내주면 그때는 "호랑이님이 불쌍해서 봐준 은혜다" 했다. 그런 경험이 쌓이고 쌓여 한민족에게 호랑이는 경외 혹은 공포의 이미지로 굳은 것이다. 강렬한 경험일수록 오래 남고 강하게 영향을 미친다.

집단에 불안과 공포를 부르는 기억은 이야기로 내려온다. 어렸을 때부터 듣던 옛이야기와 더불어 단어로 기억된다. 호랑이라는 단어에는 숱하게 이 땅에서 호랑이에게 물려죽은 선조들의 사연이 들어 있다. 호랑이와 마주쳤을 때의 공포, 도망갈 수 없는 절망감 등이 담겨 있다. 밤에 동물은 눈에서 빛이 난다. 고양이도 눈에서 빛이 나면 섬뜩한데 호랑이 눈빛은 얼마나 큰 공포를 자아내겠는가. 그걸 '쟁반만 한 눈'이라고 한다. 호랑이의 으르렁대는 저주파 울음은 동물의 근육을 마비시킨다. 그래서 호랑이를 만나면 나쁜 마법에 걸린 것처럼 움직이지 못한다고 한다. 몸이 굳는 경험, 호랑이에게 희생되었을 때 시신도 못 찾는 원통함 등이 호랑이라는 단어에 다 들어 있다.

집단의 경험 못지않게 개인의 경험도 불안과 공포의 근원이 된다.

'자라 보고 놀란 가슴 솥뚜껑 보고도 놀란다'는 말은 정말 기막힌 표현이다. 인턴 시절, 나는 응급실 근무를 했다. 거의 잠을 못 자는 생활을 하는데 새벽에 잠깐 쪽잠을 잔다. 그때 어김없이 구급차 사이렌이 들리면 벌떡 일어난다. 몸은 천근처럼 무거운데 자동적으로 튀어나간다. 그 뒤로도 한참 동안 사이렌은 불안을 부르는 신호였다. 심지어 휴가를 나왔는데도 사이렌에 잠이 벌떡 깨기도 했다. 차의 종류와 관계없이 사이렌만 듣고도 자동으로 몸이 반응한 것이다.

불안을 일으키는 원인은 개인마다 다르다. 시험, 가정환경, 개에 물린 경험 등 모든 게 원인이 된다. 몸에 직접 입은 손상도, 마음의 상처도 원인이 된다.

시험이나 발표를 앞두고 지레 짐작해서 미리 포기하는 경우도 있다. 발표를 앞두고 실수를 예상하며 혼자 상상한다.

'사람들이 웃을 거야. 그럼 난 당황해서 더 말을 더듬고 얼굴이 빨개질 거야. 질문이라도 나오면 어떻게 할지 걱정이 꼬리를 물고 결국 난 발표를 망칠 거야.'

마침내 이런 결론을 내리고는 포기해버린다. 시험을 앞두고 이번 시험은 망칠 거라는 자기 예언으로 포기하는 경우도 있다. 분명히 모르는 문제가 나올 것 같고 실수할 것 같다는 불안감에 자포자기 상태에 빠진다.

아름드리 겨자나무도 눈으로 보기 힘들 정도의 작은 겨자씨에서 비롯된다. 나비의 날갯짓이 지구 반대편에서 태풍을 불러일으킨다는 '나비효과'도 있다. 온 산을 불태우는 산불도 조그만 불씨에서 시작하고 눈뭉치 하나가 거대한 눈사태를 일으킨다. 불안도 자그마한 어떤 계기로 점점 커져 온몸을 덮는다.

불안은 수십만 년부터 인류에 각인된 위험 경고다. 불안을 무시하면 살아남을 수가 없었다. 그래서 불안 요소에 몸이 그리도 강렬히 반응하는 것이다. 몸은 원래 불안에 적극 반응하도록 세팅되어 있다. 불안에 대하여 너무 민감히 굴 필요는 없다. 모든 걸 태워 먹는 화마처럼 불안 역시 태울 거리가 많을수록 더 커지는 법이다.

5

불안감은
감정 중 하나일 뿐이다

지금은 상상하기 힘들지만 내가 학생 때는 체벌이 흔했다. 시험성적을 두고 맞기도 했는데, 성적이 떨어지면 떨어진 점수만큼 맞았다. 1등부터 꼴등까지 예외가 없었다. 맞을 때 덜 아프려고 갖은 수를 쓴다. 문지르기, 강하게 누르기, 주먹으로 때리기 등등. 하지만 그래도 아프다. 그중 첫 매가 제일 아프다.

매를 맞을 때마다 통증을 못 느끼면 얼마나 좋을까 생각했다. 나중에 그런 병이 있는 걸 알았다. 결코 부러워할 일이 아니지만! 통증을 느끼지 못하는 상태는 뇌졸중, 뇌종양, 다발성 경화증, 척수염, 당뇨병성 말초신경병증 등 심각한 질병의 합병증으로 따라온다. 통증은 통증감각기관에서 자극을 감지하여 뇌로 신호를 보내 느끼는 감각인데, 감각기관, 전달 과정, 뇌 중 어디든 이상이 있으면 신호가 뇌로 전달되지 못해 통증을 못 느낀다.

통증은 몸에 위험을 알려줘 피하거나 대처하도록 도와주는 신호다. 통증을 못 느낀다면 발에 못이 찔려 피가 나도 모르고 돌아다니다가 심각한 출혈 상태에 빠지거나 세균에 감염되어 목숨마저 위태로울 수 있다. 실제로 당뇨병성 신경병증 환자는 발에 통증을 느끼지 못하는 경우가 있다. 상처가 생기면 치명적일 수 있어 항상 양말과 편안한 신발을 신어야 하고 신발 안에 상처를 입힐 만한 돌 같은 것이 들어 있는지 수시로 확인해야 한다.

통증을 못 느끼는 사람은 마치 전쟁터에서 방탄조끼 없이 돌아다니는 꼴로, 항상 위험에 노출된 상태다. 즉, 통증은 몸이 더 심한 상태에 빠지기 전에 경고를 해주는 고마운 반응이다.

몸의 감각 중 가장 익숙하면서 대표적인 감각은 통증이지만 이 또한 여러 감각 중 하나일 뿐이다. 우리는 흔히 오감이라고 하는 시각, 청각, 미각, 후각, 촉각 그리고 여기에 더하여 평형감각과 내장감각을 가지고 있다. 평형감각은 몸의 균형을 잡는 역할을 하고, 심혈관계와 소화기관에 존재하는 내장감각은 생명에 밀접히 관련되어 있다. 시각은 눈의 망막이 담당하고, 청각은 귀 속의 고막이, 후각은 코 안의 점막, 미각은 혀의 미뢰, 촉각은 피부가 담당한다.

미각이 담당하는 맛은 아리스토텔레스가 《영혼론》에서 단맛, 신맛, 짠맛, 쓴맛이 기본 맛이라고 한 이후 2000년간 정설이었는데, 20세기에 감칠맛이 추가되어 현재는 다섯 가지다. 전에는 단맛은 혀끝에서 느끼고 신맛은 양옆에서, 뒷부분에서 쓴맛, 짠맛은 혀 전체에서 느낀다고 했는데 연구에 따르면 맛은 혀 전체에서 고르게 느낀다고 한다. 매운맛과 떫은맛은 혀가 아닌 통증신경이나 촉각신경에 의해 느낀다. 매운맛은 통증과 동일한 피부감각이다. 피부에서 느끼는 감각을 촉각이라 하며 온각, 냉각, 통각, 압각 등을 느낀다.

통증도 체성통, 내장통, 신경병증성 통증으로 구분한다. 체성통은 피부, 근육, 뼈에 관련된 통증으로 찌르거나 쑤시는 듯한 느낌이며 위치를 잘 알 수 있다. 내장통은 내부 장기에서 느끼는 통증으로 정확한 위치를 알기 어렵다. 몸속 깊숙한 곳에서 쥐어짜거나 둔한 느낌을 가지는 것이 내장통이다. 신경병증성 통증은 신경의 손상이나 자극에 의해 생기며 신경이 지배하는 영역을 따라 칼로 베는 느낌부터 불에 덴 듯한 느낌 등 다양하게 나타난다. 대상포진 후 신경통이나 3차신경통 등이 이에 해당한다.

몸의 감각만 다양한 것이 아니다. 마음의 감정은 더 복잡하고 종류가 많다. 신체감각은 눈으로 전달 경로를 관찰할 수 있어 명확히 파악할 수 있지만 마음은 보이지 않는다. 표준화나 객관화가 불가능하며 단지 '이럴 때 이런 마음이다'라고 통설화한 것에 지나지 않는다. 사실상 누구도 다른 사람의 마음을 알 수 없고 또 명확한 정의도 없다.

긍정적 감정의 대표가 사랑인데, 사람들은 사랑도 다양하게 분류한다. 플라톤은 사랑을 아가페, 에로스, 플라토닉으로 나누었다. 순서대로 육체적인 사랑, 신에 대한 사랑, 정신적인 사랑이다. 헬라어로 사랑이라는 단어는 네 가지다. 신의 사랑인 아가페는 무조건적인 사랑이다. 필레오는 우정적인 사랑으로 형제애를, 스톨게는 본능적인 사랑으로 자식 사랑 혹은 나라 사랑을 말한다. 에로스는 남녀 간의 사랑이다.

후대에 들어 사랑을 더 세분한 학자가 있다. 1973년 캐나다의 사회학자 존 리는 사랑을 여섯 가지 유형으로 분류했다. 즉, 이상화된 타인에게 느끼는 성적 욕망인 에로스, 사랑을 게임으로 보는 루더스, 친구 같은 사랑인 스토르게, 소유적인 사랑의 마니아, 실용적인 사랑의 프레그마, 헌신적인 사랑인 아가페로 구별했다.

로버트 스턴버그는 1986년 사랑의 삼각형 이론을 주장했다. 그에 따르면, 사랑은 친밀감, 열정, 헌신이라는 세 가지 구성 요소로 되어 있고 이 요소를 조합해 여덟 가지 사랑이 존재한다. 사랑이 아닌 것, 좋아함, 도취성 사랑, 공허한 사랑, 낭만적 사랑, 우애적 사랑, 얼빠진 사랑, 성숙한 사랑 등이다. 한마디로 정리될 것만 같은 사랑도 분류하면 이처럼 복잡하다.

감정을 표현할 때 '희로애락(喜怒哀樂)'이라는 말을 많이 쓴다. 기쁨, 화남, 슬픔, 즐거움을 뜻한다. 살면서 느끼는 감정이 대부분 포함되는데, 이를 기본으로 숱한 감정을 분류할 수 있다. '희'는 '기쁜, 반가운, 유쾌한, 행복한, 흐뭇한' 느낌이 포함된다. '노'는 '분노, 불쾌한, 소름 끼치는, 화난' 등의 감정으로 바꿀 수 있다. '애'는 '가슴 아픈, 괴로운, 두려운, 불안한, 슬픈, 애태우는, 염려하는, 우울한, 처량한, 측은한, 침통한' 등의 느낌이다. '락'은 '경쾌한, 기분 좋은, 명랑한, 신나는, 즐거운, 쾌활한, 편안한' 등의 감정을 뜻한다.

유교에서는 '희로애락애오욕(喜怒哀樂愛惡欲)'을 칠정이라고 해서 사람의 기본 감정으로 본다. '애'는 사랑으로 '그리운, 사랑스러운, 애틋한' 등의 감정이고, '오'는 '끔직한, 미운, 서운한, 싫은, 싫증나는, 쌀쌀한, 억울한' 등의 감정이 포함된다. '욕'은 바라는 것으로,

'간절한, 갈망하는, 기대하는, 소망하는, 희망하는' 등이 해당된다.

감정을 나타내는 말은 수없이 많다. 그래서 엄밀한 분류는 의미가 없다. 감정을 분류하고 정의해도 수학처럼 맞지 않는다. 같은 단어라도 사람마다 의미하는 뜻이 모두 다르기 때문이다. 감정을 나타내는 말이 이렇게 많구나 하는 정도면 된다.

몸은 피부가 있고 그 밑에 근육, 뼈와 소화기, 순환기 등의 장기가 있다. 각 장기의 총합이 몸이며 심장, 뇌, 허파, 간 등 장기가 하나라도 없으면 살 수 없다. 마음도 모든 성격의 총합이다. 적극적, 소극적, 불안, 공포, 긍정, 부정 등 감정이 뒤섞여 있다. 이 감정들은 하나하나 소중하며 삶에 꼭 필요하다.

숨이 차다고 허파를 떼어낼 수 없고 심장이 격렬하게 뛴다고 심장을 버릴 수 없다. 허리가 아프면 치료를 해야지, 뿌리 뽑겠다고 척추를 잘라낼 수 없다. 외모가 마음에 들지 않는다고 코를 없애거나 하지는 않는다. 운동을 하고 살을 빼고 외모를 바꿀 뿐이다. 성형수술을 하는 이유도 마음에 들게 고치는 것이지, 눈이 있는 자리로 코를 옮기고 귀가 있는 자리로 눈을 옮기는 게 아니다. 외모도 제자리를 지키면서 조금씩 마음에 들게 바꾸는 게 옳다.

감정도 마음에 들지 않는다고 제거할 수 없다. 슬픔이 힘들다고 슬픔을 없애면 삶이 삭막하다. 영화를 봐도 소설을 봐도 밋밋하다. 슬픔은 삶에 대한 반성과 카타르시를 제공하는 핵심적 감정이기 때문이다.

불안이 싫다 하여 불안을 제거했다고 생각해보자. 좋은 점은, 사람들 앞에서 말하기가 겁나는 사람은 불안감이 없으니까 할 말 다 할 것이다. 늦은 밤 전화벨 소리에 심장이 쿵하는 불편도 없을 것이다. 그러니 거기까지다. 불안감이 없으면 준비하지 않는다. 시험을 앞두고 벼락치기도 하지 않는다. 장마가 와도 강둑을 보수하거나 지붕을 고치치 않는다. 비가 오든 눈이 오든 준비 없이 차를 몰고 나갈 것이다. 미래에 대한 대비를 하지 않고 그날 번 돈은 그날 족족 써버릴 것이다. 한마디로 오늘 그 시간만 사는 삶이 될 것이다.

신체의 구성 요소는 사소해 보여도 꼭 필요하니까 있는 것이다. 기능에 따라 중요한지 덜 중요한지의 차이만 있을 뿐이다. 감정도 마찬가지다. 공포, 연민, 싫음, 실망 등 이름 붙은 감정은 사람에게 반드시 필요한 것들이다. 마음에 필요 없는 감정이란 없다. 오히려 지나치거나 제대로 작동을 안 할 때 문제가 된다. 불편하다 하여 신체 일부를 떼어놓고 나갈 수 없다. 불편하다 하여 감정 일부를 없애고 살 수는 없다.

거듭 말하지만 불안감은 삶에 필요한 여러 감정 중 하나다. 미우나 고우나 내 감정의 일부다. 없앨 수도 없고 없애서도 안 되는 필수 감정이자 중요한 감정이다. 생명체의 안전을 지키는 경고등이자 발전을 촉진하는 원동력이고 미래를 준비하는 발판이다, 불안감을 너무 불편하게만 바라보지 말자. 불안감이 있어야 정상이다.

6

불안감과
이별하라

생명체는 현재 상태를 유지하려고 하는 본성이 있다. 이를 항상성, 즉 '호메오스타시스(Homeostasis)'라고 하는데, 생물의 생존에 아주 중요한 방식이다. 예를 들면 몸속 피는 산도가 pH 7.4로 일정하다. 여기서 0.1 정도만 위아래로 변해도 목숨이 위험하다. 그래서 소변이나 호흡을 동원해서 산도를 일정하게 유지하는 것이다.

몸이 현 상태를 기억하는 부분은 많다. 오랜 시간이 지나도 몸은 기억한다. 운동이나 악기를 배운 사람들은 몇 년이 지난 뒤에도 잠깐 연습하면 예전 실력이 돌아온다. 나쁜 예로 근육이 긴장해서 굳은 상태가 몇 달간 지속되면 뭉친 부분은 그 긴장 상태를 기준으로 삼아 돌아가려 한다. 치료를 해도 금방 다시 뭉친다. 그래서 원래 상태로 돌려놓으려면 시간이 오래 걸린다.

불편함도 오래되면 익숙하다. 불편하게 살아왔어도 생활에 크게 지장이 없으면 그대로 살고 싶은 게 사람의 본성이다. 눈에 거슬리거나 타인에게 지적을 자주 받거나 스스로 절실히 필요하면 고치기도 한다. 남의 눈에 띄지 않고 사는 데 큰 불편함이 없다면 굳이 고치려고 하지 않는다.

분재는 화분 크기에 맞게 키운 나무다. 아, 키웠다기보다 성장을 억압했다고 해야 맞다. 땅에서 구속 없이 자랐으면 하늘을 덮을 정도로 클 나무이지만, 작은 화분에 맞게 양분을 제한해서 키우면 크기와 모양이 화분에 맞게 고정된다. 물고기도 작은 어항에서 키우면 나중에 큰물로 옮겨도 어항 크기만큼만 헤엄친다고 한다. 사람뿐 아니라 동식물도 현재에 익숙하게 되면 그 자리에 안주한다.

생명체에게 새로운 환경은 위험이자 도전이다. 현 상태는 적어도 생존에 위험하지는 않다. 불편해도 참고 사는 쪽이 더 큰 가능성과 성장이 있는 도전보다 유혹적이다.

마음에 드는 이성에게 고백하지 못하고 끙끙 앓다가 기회를 놓치고, 미련이 남아 '그때 말을 했어야 하는데' 한 경험이 누구나 있을 것이다. 나 역시 그런 경험이 있다. 말을 못한 이유는 딱 하나다. 그녀가 거부하면 어쩌나 하는 불안 때문이었다. 사실, 거절당할 확률은 반반이다. 아니라고 하면 '내 타입은 아니구나' 하고 지나가면 되는데 말을 걸어야 하나 말아야 하나 고민만 한다. 말을 하지 않으면 말을 나눌 가능성이라도 있는데 거부를 당하면 그 가능성이 사라진다. 그래서 그냥 현 상태를 유지하자는 마음이 생긴다. 거부당하면 내가 상처를 받을 것이고 오랜 시간 괴로워할 것이 뻔하니까, 미리 상처받을까 봐 피하는 것이다. 한편에는 거절당하면 친구들이나 주변 사람들이 어떻게 볼까 하는 자존심도 있다. 그중 상당 부분을 차지한 것이 '말하지 않으면 지금처럼 가능성이 계속 있을 텐데' 하는 마음이다. 로또를 사면 일주일은 행복하다. 당첨될 가능성은 몇백만 분의 일이니, 없는 것과 마찬가지지만. 그래도 추첨하는 날까지는 실낱같은 가능성 때문에 뿌듯하고 행복하다.

　불안이 일상화된 사람은 불안과 동거한다. 불안해도 사는 데 아주 큰 지장이 있을 정도가 아니면 불안감을 굳이 없애려 하지 않는다. 오히려 불안이 없으면 어떻게 할까 불안해한다. 한 시인은 그렇게 괴롭히던 치통이 사라지니까 섭섭하더라고 했다. 오래된 통증이 갑자기 사라지면 마치 매일 등굣길을 가로막고 있던 사나운 개가 갑자기 사라졌을 때의 어색함이나 낯섦 같은 느낌이 든다고 한다. 변화에 적응하는 것은 좋은 일이든 나쁜 일이든 시간이 걸린다.

　생명체는 적응을 잘한다. 적응을 하니까 살아남았고 지금 살아 있다. 신체뿐 아니라 마음도 적응을 한다. 살기 위해 자기 합리화를 하고 변명을 한다. 여우는 누가 보지도 않았는데 스스로 '저 포도는 분명 실 거야!' 하고 위안 삼는다.

　한 번 자리를 잡은 습관, 성격은 바꾸기 힘들다. 버리고 비우기는 채우기보다 힘들다. 변화를 두려워하는 동물의 본성과 함께 손실을 싫어하는 본성까지 합쳐져 불안감을 버리기 어렵게 만든다. 주식 투자자들이 하락장에 큰 피해를 보는 이유가 '손실회피본능' 때문이라고 한다. 돈을 벌 기회보다 손실을 확정하는 결정이 더 힘들고 괴로운 일이라는 것이다. 마음도 채우기보다 비우기가 더 힘들다.

불안이 주는 이득도 꽤 많다. 스스로 핑계를 댈 때 딱이다. 하기 싫은 일도, 귀찮거나 자신이 없을 때도 불안감은 좋은 방패가 된다. 불안 증상이 있다는 사실을 남이 알아도 크게 불리하지 않다. 불안감을 핑계로 빠질 수 있고 불안감이 있음에도 일을 해내면 두 배로 칭찬받을 수 있다.

스스로 만든 울타리라 생각하고 그 안에서만 생활하면 크게 지장은 없다. 바깥은 무서운 동물이 있을지도 모르니까 나가지 않으면 안심이 된다. 울타리가 너무 좁아 불편하지만 않다면 울타리가 있다는 사실을 깜박 잊기도 한다. 그렇지만 항상 편하지는 않다. 가끔 울타리 밖으로 나가고 싶을 때도 있고 가끔 울타리가 좁게 느껴지기도 한다. 그런 때는 평소와 다른 불편함과 불안함이 몰려든다.

불안감은 분명 생존에 꼭 필요한 감정이다. 불안은 브레이크 역할도 하고 액셀러레이터 역할도 한다. 불안감 자체는 나무랄 데가 없는 친구다. 지나치거나, 제 역할을 못할 때가 문제일 뿐. 일이 생기기도 전에 미리 겁을 먹고 포기하게 만드는 불안감, 나쁜 일이 반복될 것이라는 불안감, 자존감을 깎아먹는 불안감 등은 버리는 쪽이 낫다.

오래되었다고, 익숙하다고 반드시 좋은 것은 아니다. 변화가 싫어 청소도 안 하고 머리도 감지 않는다면 쓰레기가 쌓여 발 디딜 틈도 없게 되기는 시간문제이고 머리가 지저분하게 떡이 되기도 순간이다. 컴퓨터도 주기적으로 파일을 정리하지 않으면 버벅댄다. 사람의 마음도 가끔씩 정리를 해야 한다. 인연도 정리하고 추억도 정리하고 감정도 정리해야 한다.

불안이라는 감정 자체를 없애기는 불가능하고 또 없애서도 안 된다. 하지만 삶에 방해가 되는 불안감은 버려야 한다. 내 기억과 정서에 결합해 도전을 방해하고 발전을 방해하는 불안감이라면 하루 빨리 버려야 한다. 이런 불안은 내 몸을 지켜주는 갑옷이 아니라 외부와의 교류를 방해하는 칸막이이자 쇠창살이다. 밖의 적을 막는 성이 아니라 나를 가둔 감옥이다.

겨울에 추위를 막는 데 유용했다고 여름에도 두꺼운 옷을 입을 수는 없다. 과거 어느 때 내 삶에 도움되었던 불안감일지라도 효용가치가 떨어지면 과감히 버릴 줄 알아야 한다. 목을 축여주던 시원한 물도 오랜 시간 고인 상태로 있으면 독이 된다. 불편을 초래하는 감정이라면 그것은 독이다. 그러니 용기를 내서 털어보자.

내가 살아야 할 곳은 울타리 안이 아니다. 울타리 밖에 더 넓고 풍요로운 땅이 있는데 불안하다고 울타리 안에만 웅크려 있기에는 인생이 너무 아깝다. 한 발짝 한 발짝 밖으로 나가 보면 낯선 게 다 위험한 것도 아니고 익숙한 게 다 편한 것이 아님을 깨닫는다. 과감히 울타리를 벗어나라. 불안감으로 둘러싸인 울타리를 걷어내고 밖으로 나가자.

7

불안도
습관이다

아침에 세수를 하고 돌아서는데 코 옆과 뺨이 계속 가려웠다. 자극이 코 옆으로 길게 늘어져 계속 올라왔다. 손으로 잘 잡히지 않았다. 거울을 보니 머리카락이 붙어 있었다. 떼어낸 뒤에도 가려움이 바로 없어지지 않았다. 몇 초를 기다리다 결국 참지 못하고 긁었다. 다른 자극이 오니 가려운 것이 없어졌다. 실체가 사라졌는데 느낌은 계속 남아 있었던 것이다.

현상은 사라졌는데 감정만 남는 경우가 꽤 많다. 자기감정에만 집중한 경우가 그렇다. 이성과 헤어지면 누구나 허탈하고 슬프지만 대부분 몇 주면 훌훌 털고 일어난다. 아무리 큰 슬픔도 여섯 달이면 참을 만해진다. 그런데 감정을 확대 재생산하는 경우가 있다. 스스로 잊지 않으려 노력하기도 하고 잊을 만하면 감정이 얽힌 공간이나 사건이 반복되어 당시 감정이 살아나기도 한다.

'와신상담(臥薪嘗膽)'은 불편한 잠자리에서 잠을 자고 쓴 쓸개를 핥으며 지난 수치를 잊지 않고 복수를 준비한다는 내용의 고사성어다. 사람은 그만큼 잘 잊고 또 현실에 만족하려는 습성이 있다. 큰 야망이 있거나 인생의 원대한 목표가 있다면 당연히 스스로를 채찍질해야지, 현실에 안주하면 안 된다. 그러나 개인적 문제라면 이야기가 달라진다. 잊을 건 잊어야 한다. 상처는 덮는 것이 편한 경우가 많고 기억은 지우는 게 삶에 도움이 된다.

사건이 생기면 여러 방법으로 대처한다. 정면 돌파하는 수도 있고 긴장을 즐길 수도 있다. 도망칠 수도 있고 애써 무시할 수도 있다. 다양한 대처 방법 중 불안을 선택하기도 한다. 뇌는 익숙한 것을 선호한다. 뇌에 길이 난다고 하는데 노력하지 않으면 이미 가본 길을 선택한다. 다른 말로 습관이라고 한다. 불안을 선택한 사람은 다시 불안을 선택할 확률이 높다. 습관이 된다. 그래서 습관적으로 불안하다. 이는 결국 스스로 불안을 선택한 결과다.

습관은 생명체가 생존하는 데 아주 중요한 역할을 한다. 에너지를 효율적으로 쓸 수 있게 도와주는 방법이 바로 습관이다. 처음 운전대를 잡은 날은 누구나 잊지 못한다. 의자를 몸에 맞추고 룸미러, 백미러를 조절하고 핸들을 잡고 브레이크를 꽉 밟은 다음 시동을 건다. 액셀러레이터를 밟고 앞뒤를 보고 조심스레 전진한다. 신호에서 대기할 때도 신호등만 뚫어지게 본다. 목적지에 도착하면 공간을 확인하고 후진 주차를 할까 전진 주차를 할까 고민한다. 수차례 들락날락하다가 탈진할 때쯤 되면 보다 못한 누군가가 대신 주차해주기도 한다. 운전만 하고 나면 온몸에 힘이 다 빠져 손가락 하나 까딱할 수 없이 지친다.

하지만 천 번째 운전을 기억하는가? 오늘 출근길 운전은? 초보 때나 지금이나 운전하는 과정은 전혀 달라지지 않았다. 더 오랜 시간 복잡한 시내를 운전해도 피곤하지 않고 오히려 경치도 보고 음악도 듣고 동승자와 여유롭게 이야기도 나눈다.

이건 다 습관 덕이다. 복잡한 운전 과정을 수없이 반복하면서 습관으로 만든 덕분이다. 운전에 필요한 과정을 습관이라는 단순한 틀로 몰아넣고 남는 에너지를 다른 곳으로 돌리는 뇌의 작용이다.

살면서 생각 없이 하는 행동들이 사실은 숱한 시행착오와 반복을 거쳐 몸이 만든 습관이다. 걷는 동작도 처음 배울 때는 무시무시하게 어렵기만 하다. 일어나서 앞을 보고 한 발을 내딛고 동시에 다른 발은 중심을 잡는다. 발을 땅에 댈 때 앞부리부터 디딜까 뒤꿈치부터 디딜까 고민한다. 발바닥이 땅에 닿으면 재빨리 몸의 무게중심을 옮긴 후 뒷다리를 앞으로 옮겨 같은 동작을 반복한다. 하나하나 생각하고 따지면 굉장히 섬세하고 어렵다.

아직도 두 발로 걷는 로봇은 만들기 어렵다. 세계에서 제일 진보된 로봇도 걷는 게 어색하다. 계단이라도 오르내리면 해외토픽에 날 정도다. 이런 복잡한 행동을 아무렇지 않게 해주는 것이 습관이다.

몸에도 습관이 있고 마음에도 습관이 있다. 잘 느끼지 못하지만 생각하는 방식도 개인마다 일정한 틀이 있다. 상황이나 사건에 반응하는 방식이 비슷하다. 타고난 게 아니라 살면서 스스로든 어쩔 수 없든 배우고 익힌 생각의 방식이다.

감정도 습관이 있다. 특정 상황에서 반사적으로 나오는, 주로 쓰는 감정이 있다. 비슷한 상황이라도 불안을 느끼는 사람, 흥분하는 사람, 도망가는 사람, 무감각한 사람 등 대처가 다르다. 성격, 개성이라 말하기도 하지만 습관도 무시할 수 없다.

불안도 습관이 된다. 불안은 생존의 원초적 방어법으로 아주 중요하다. 하지만 사람이 느끼는 감정이나 행동 양식은 다양하다. 불안은 그중 하나일 뿐이다. 불안이라는 감정도 처음에는 확실한 이유가 있었을 것이다. 여러 상황에서 꺼낼 수 있는 카드 중 하나인데 불안을 주로 쓰는 사람은 불안을 주 감정으로 꺼낸다. 쉴 새 없이 불안하다. 이유가 사라졌는데 감정만 남는다. 실체가 없는 불안의 반복이다. 불안의 자가발전이 시작된 것이다.

처음에는 살짝 지나가는 감정이었을 텐데 자꾸 반복되다 보니 마음과 몸에 깊숙이 자리 잡는다. 태어날 때부터 불안에 떠는 사람은 없다. 불안감은 본능이지만 원인이 사라지면 빠르게 해소된다. 필요할 때만 나왔다 사라지는 게 정상이다. 그런데 시도 때도 없이 불안이 올라온다면 뭔가 잘못된 것이다. 불편한 정도일 수도 있고 일상생활이 불가능할 정도일 수도 있지만 처음부터 병적인 단계로 가지는 않는다. 몇 번 불안하다가 습관적인 불안 단계를 지나 병적인 단계로 간다.

강박장애도 불안이 만든다. 반복, 집착이 특징인데 특정 행동을 하지 않으면 불안하다. 불안해서 견디기 힘들어 반복한다. 일시적으로 불안감이 해소되지만 또 했구나, 하는 자괴감이 들고 불안하면 다시 행동하는 과정을 무한 반복한다.

대표적 사소한 강박으로는 인도를 걸을 때 같은 색 보도블록만 밟는다든가 횡단보도를 건널 때 흰 금을 밟고 건너는 행위 등이 있다. 나도 한때 그런 행동을 했다. 안 하면 이상했다. 일정한 보도블록을 밟지 않으면 찜찜해서 돌아와 다시 밟고 갔다.

이는 애교로 봐줄 만한 행동이다. 많은 사람이 경험하고 또 남에게 피해를 주지 않는다. 대부분 슬그머니 사라진다. 그러나 사소한 습관이지만 매일 반복할 때면 무시하지 못할 강박감이 된다. 재미있는 사실은, 바쁠 때나 딴생각을 하느라고 한두 번 빼먹으면 어느 순간 행동을 반복하지 않게 된다는 것. 습관이 생기는 데 제일 중요한 핵심 과정이 바로 반복이라는 방증이다.

습관은 자주 쓰고 많이 써서 편한 상태가 되었음을 뜻한다. 습관이 되려면 반복 행동과 계속 반복하려는 동기가 있어야 한다. 그 과정을 여러 번 거치면 자동적으로 반응한다. 편안하게 불안에 나를 맡기지 마라. 불안에 끌려다니지 마라. 불안도 습관이다. 내가 게을러 허락한 습관일 뿐이다.

8

불안을 부르는 습관과
결별하라

오래전 책에서 도시 괴담 비슷하게 맨홀에 빠져 한참 만에 구조된 사람 이야기를 읽었다. 이후 한동안 나는 맨홀 뚜껑이 무서웠다. 맨홀 안의 어둠과 축축함, 불러도 대답 없을 절망감이 무서워서 맨홀 뚜껑을 피했다. 나만 그러는 줄 알았는데 비슷한 주제의 웹툰에 수많은 공감이 달린 걸 보고 '아, 남들도 그러는구나!' 한 적이 있다.

꽤 오랜 기간 남아 있던 불안감도 있다. 어릴 때부터 더럽다는 느낌이 든 물건을 만진 뒤에는 손에 그 감각이 오랫동안 남아 있었다. 씻어도 느낌이 남아 그 손으로는 먹을 것을 먹지 않았다.

지금은 대부분의 강박적 행동이 거의 사라졌다. 그래도 여지껏 남아 있는 습관이 있는데 집을 나설 때 꼭 수도, 가스를 확인하고 현관문을 한 번 더 열어보고 확인하는 일이다. 특히 자기 전에 꼭 현관문을 확인한다.

이런 버릇이 생긴 이유가 있다. 십수 년도 지난 일이다. 아직 아이들이 유치원에 다닐 때였다. 어느 날 신용카드로 현금서비스를 받은 고지서가 왔다. 쓰지 않는 카드인지라 분명 현금서비스를 받지 않았다. CD기 영상을 확인해보니 전혀 모르는 남자가 모자와 마스크를 쓰고 현금서비스를 받아갔다. 카드 회사는 비밀번호를 제대로 관리하지 못한 책임이 있으니까 자기들과는 무관하다고 했다. 바로 경찰에 도난 신고를 했다.

곰곰이 돌아보니 밤에 현관문을 미처 잠그지 않았을 거라는 생각이 들었다. 범인은 현관문이 덜 닫힌 것을 발견하고 들어와 문간방을 뒤진 듯하다. 같이 둔 전자수첩도 사라졌는데 거기서 비밀번호를 유추하거나 아니면 내가 비밀번호를 적어둔 걸 보았을 것이었다. 바로 신용카드의 현금서비스는 없애고 사용 한도도 대폭 줄였다. 만약 그때 문간방에 애들이 있었으면 어떤 끔직한 일이 벌어졌을까 상상만으로도 오싹하다.

그 뒤로 자기 전 꼭 현관문이 잘 잠겼나 확인하고 외출할 때 한 번더 확인하는 버릇을 지금까지 유지하고 있다. 끊임없이 나오는 도둑뉴스 탓도 있다. 가스를 확인하는 버릇도 방송에서 화재 사건보도를 여러 번 본 뒤 생겼다. 이런 습관은 나쁘지 않다고 생각해서 굳이 없애려고 하지 않는다.

수도를 잠그는 습관도 생긴 이유가 있다. 전에 세 들어 있던 병원 건물 2층이 한참 동안 비어 있었다. 어느 날 만화방이 들어온다고 인테리어 공사를 했다. 다음 날 출근하니 1층 병원이 온통 물바다가 되어 있었다. 2층에서 공사하는 사람들이 수도를 잠그지 않고 퇴근하는 바람에 밤새 물이 넘친 것이다. 오전 내내 물을 퍼내고 벽과 바닥의 물을 닦아내고 난리법석을 피웠다. 1, 2층이 수도계량기를 하나로 썼는데 한 달에 몇만 원 나오던 수도료가 몇십만 원이 나왔다. 2층 세입자와 관계가 곤란할 뻔했는데 중간에 건물주가 대신 내주었다.

그때는 물만 닦고 넘어갔는데 여름이 되자 악몽 같은 일이 벌어졌다. 곰팡이가 온통 다 퍼진 것이다. 천장부터 물이 흘렀던 모든 벽과 가구에 곰팡이가 번졌다. 닦고 또 닦고 곰팡이 약을 뿌려도 없어지지 않았다. 벽을 모두 걷어내고 인테리어를 새로 하는 수준으로 바꾸기 전에는 곰팡이는 없어지지 않는다고 했다. 매일 벽에 핀 곰팡이를 닦아내고 주말이면 천장까지 대청소를 했다. 곰팡이 방지용 페인트도 몇 번이나 발랐다. 직원들이 고생을 참 많이 했다. 지금도 그때 같이 고생한 직원들에게 고맙고 미안한 생각이 든다. 찬바람이 나면 곰팡이가 꺾이고 여름이 시작되면 곰팡이가 다시 활개를 치는 전쟁이 몇 년 계속되었다.

벽 안의 물기가 마르면 좀 잦아든다고 하더니 시간이 지나자 정말 어느 정도 곰팡이가 덜했다. 곰팡이가 줄어드니 다른 악당이 나타났다. 바퀴벌레가 나오기 시작한 것이다. 바퀴벌레는 먹이가 있으면 금방 번식하는데 특히 곰팡이는 바퀴벌레의 번식에 아주 좋다고 한다. 바퀴벌레 약을 뿌리고 곳곳에 바퀴벌레 잡는 약을 놓고 틈나면 락스로 닦고 희석해서 뿌렸다. 위층에 손해배상을 청구할까 했는데 지난 일이라서 그냥 됐다. 곰팡이와 바퀴벌레를 퇴치하려는 노력은 갑자기 병원에 불이 나서 이전을 할 때까지 계속됐다.

수도꼭지를 잠그지 않으면 수도료도 어마어마하게 나오고 또 물난리가 나면 아래층에 큰 손해를 끼친다는 것을 절실히 몸으로 실감했다. 그렇게 잠그고 확인하는 습관은 좋은 듯해서 일부러 유지하고 있다.

습관이 형성되는 데는 몇 주에서 몇 달이 걸린다. 행동이나 생각을 의식적으로 반복하면 뇌에 도로가 난다. 생물학적으로 시냅스가 형성된다는 뜻이다. 오솔길이 자주 다니면 큰길로 변하듯 처음에는 서툰 행동도 여러 번 하면 익숙하게 되고 자동적으로 행동하게 된다. 늦잠 자는 사람이 어쩌다 아침에 일찍 일어나면 무척 힘들지만 어느 정도 반복되면 아무렇지 않게 눈이 떠지고 생활에 무리가 없는 것과 비슷하다.

반대 현상도 벌어진다. 큰길도 사람이 다니지 않으면 풀이 우거지고 나무가 자라 나중에 길이 없어진다. 습관이 된 행동도 반복하지 않으면 시간이 지나면서 사라진다. 여기에 몸의 본성과 반대되는 좋은 습관인 운동, 학습 등은 노력하지 않으면 더 쉽게 사라진다. 반면 본성에 가까운 과식, 편한 것을 찾는 행동은 의식으로 막지 않으면 쉽게 본성대로 움직인다.

불안은 본성에 가깝다. 습관으로 쉽게 형성되고 사라지기는 힘든 쪽에 속한다. 습관은 그 형성 과정에 동기나 계기가 있다. 곰곰이 생각해보면 언제부터 불안감이 시작되었는지 알 수 있는 경우가 있다. 불안과 연결된 무의식적인 행동이 있을 수도 있다. 그러니 가끔 냉정하게 자신을 분석하면 효과를 볼 수 있다.

좋은 습관은 일부러 몸에 익히고 유지하려 노력해야 하지만 삶에 도움이 되지 않는 습관은 하루라도 빨리 버리는 게 좋다. 습관을 버리는 것은 형성된 과정을 반대로 한다고 생각하면 된다. 반대 습관을 몸에 익힌다고 생각하자. 이로써 감정이나 생각하는 방식도 바꿀 수 있다.

주변에 성격이 많이 바뀐 이가 분명 있다. 주로 소극적인 사람이 적극적인 사람으로, 조용한 사람이 쾌활한 사람으로 바뀐 경우가 대부분이다. 생활이나 직업에 적극성이나 쾌활함이 필요해서 변신한 경우다. 생존에 유리하다고 판단되면 수십 년간 유지한 성격과 습관까지 바꿀 수 있으니 노력해보자.

필요하면 부모님이 주신 외모를 전혀 다른 모습으로 성형하거나 심지어 키, 가슴, 엉덩이까지 다르게 바꾸는 세상이다. 습관이나 성격을 바꿀 수 없다는 푸념은 당치 않다. 외모는 미남 미녀라는 외적 기준이 확실하다는 점, 돈을 들인 다음 전문가의 손에 강제적으로 끌려갈 수 있다는 점 등에서 바꾸기가 어렵지 않다. 그러나 성격이나 습관은 눈에 보이는 기준이 없다. 또한 전문가를 만나기도, 투자금을 정하기도 어렵다. 그래서 외모보다 바꾸기 어렵다고 할 수 있다. 들인 투자가 없고 강제로라도 끌고 갈 조력자가 없으니까 금방 지치고 포기한다. "내버려둬, 그냥 이렇게 살래", "생긴 대로가 편해" 하면서 금방 포기하고 제자리로 돌아간다. 몇 번 실패하면 천성은 바꿀 수 없다고 애써 자신을 다독이기에 이른다.

하지만 성격을 바꾼 사례는 수없이 많다. 군대를 다녀온 사람들은, 공을 찬 이야기와 군대 가서 사람 됐다는 이야기를 많이 한다. 여기서 사람 됐다는 말은 조직생활을 통해 싫은 일도 하고 고생도 했다는 뜻이다.

군대라는 건 싫어도 해야 하는 일투성이다. 규칙적으로 생활하고 늦잠을 자던 사람도 새벽에 눈을 번쩍 뜨고, 반찬 투정도 하지 않는다. 그래서 입대 당시의 초심과 그때의 습관을 생활화하면 못 할 일이 없다는 말을 하는 것이다.

군생활도 익숙해지면 초기에 바짝 긴장한 모습은 사라지고 원래대로 돌아간다. 그래서 제대할 때 군대에서 바뀐 성격도 다 반납하고 나온다는 우스갯소리를 한다. 즉, 습관도 반복하지 않으면 금방 사라진다.

좋은 습관은 유지하고 발달시켜야 하지만 좋지 않은 습관이라면 필히 없애자. 감정과 행동은 습관이 된다. 불안도 습관의 일부다. 분명 비정상적인 불안을 유발하는 습관이 있지만 바꿀 수도 있다. 찬찬히 살피면 해답이 나온다. 막연히 불안을 없애려 노력하기에 앞서 불안을 부르는 습관과 이별하는 게 먼저다.

Chapter 3

불안감을 가지게 하는 감정들

1

비교가
불안감을 낳는다

러시아의 대문호 톨스토이가 쓴 〈사람에게는 얼마만큼의 땅이 필요할까〉라는 단편소설이 있다.

농부 파홈이 바슈키르 마을 촌장에게 땅을 사기로 계약한다. 천 루블을 내고 하루 동안에 발길이 닿은 만큼의 땅을 전부 가질 수 있다. 단 해가 지기 전에 반드시 출발점으로 돌아와야 하며, 돌아오지 못하면 땅도 돈도 무효가 되는 조건이다. 다음 날 아침 파홈은 뛰다시피 계속 앞으로 나간다. 땅을 어마어마하게 넓혀 나가지만 고개를 넘으면 더 좋은 땅이 보여서 "조금만 더" 하면서 더 멀리 간다. 결국 해 질 녘이 되자 어쩔 수 없이 출발한 곳으로 돌아가는데 시간이 너무 촉박하다. 쥐어짜듯 달려서 해가 막 지기 직전 출발점에 간신히 돌아온다. 하지만 그는 쓰러져 죽고 만다. 그가 마지막으로 얻은 땅은 관 하나를 묻을 만큼의 땅이었다.

오래전에 읽은 이야기이지만 지금도 느낌이 생생하다. 사람은 욕심을 절제하지 못하는구나, 하는 생각과 함께 욕심을 줄였으면 땅도 생기고 죽지도 않았을 텐데, 하는 안타까움이 들었다.

가끔 내가 그 입장이라면 어떻게 했을까 물어본다. 나도 파홈처럼 "조금만 더, 조금만 더" 하지는 않을까? "딱 여기까지" 하며 욕심을 접고 돌아왔을까? 자신이 없다. 부끄럽지만 지금까지 살아온 모습을 보면 쓰러진 파홈의 모습에 가깝다. 하루 동안 다녀온 땅이라면 어마어마하게 넓은 땅이었을 것이다. 그만큼의 땅에 만족하고 돌아가야 하는데 자꾸 가지지 못한 눈앞의 더 넓은 땅과 비교하면서 욕심을 더욱 부려 결국 땅도 잃고 목숨도 잃었다.

인생은 날마다 새로운 길의 연속이다. 낯선 길을 갈 때 지도나 내비게이션이 없으면 곤란을 겪는다. 내비게이션은 GPS를 이용하여 계속 위치를 수정한다. 인생도 비교 대상을 통해 지속적으로 현재 위치를 파악하고 가야 할 목표를 수정해야 한다. 비교는 가야 할 방향과 현재의 내 위치를 알려주는 인생 내비게이션이다. 또한 비교는 삶에서 반드시 필요한 과정이다. 내 위치를 모르면 어디로 가야 할지 얼마나 가야 할지를 알 수가 없기 때문이다. 여행에서는 지도가, 운전 중에는 내비게이션이, 인생에서는 비교가 이정표 역할을 한다.

건전한 비교는 삶의 자극이 된다. 비교는 현재 위치를 확인할 때나 나아가야 할 때 반드시 필요한 장치다. 이만하면 되었다 주저앉고 싶을 때, 더 노력해봐야 무슨 의미가 있냐 포기하고 싶을 때, 나보다 나은 사람 또는 나보다 상황이 나쁜 사람과 비교하면서 힘을 얻고 자극을 받는다. 이때 비교는 사람을 성장·발전시키는 동기가 된다.

물론 비교에는 양날의 칼 같은 측면이 있다. 긍정적인 비교는 자신의 위치를 알고 분발할 동기를 제공한다. 하지만 부정적인 비교는 자존심을 손상시킨다. 불안감을 일으키는 다양한 상황이나 계기에서 비교하는 행위는 큰 부분을 차지한다.

아이가 자라는 과정에서 부모의 비교는 알게 모르게 아이에게 영향을 미친다. 요새 학생들이 싫어하는 말 중에 '엄친아'라는 말이 있다. '골방환상곡'이라는 국내 포털 사이트에서 연재된 만화에서 유래된 말이다. '엄마 친구 아들'의 줄인 말로 성적, 외모, 성격 등 모든 면이 자기 아들보다 뛰어난 가상의 존재를 말한다. 흔히 '엄마 친구 누구의 아들은'으로 시작하는데 그것의 핵심은 비교다. '그래서 너는 그 애보다 못하니까 더 분발해야 한다'는 뜻이다. 듣는 아이는 스트레스가 이만저만이 아닐 것이다.

키가 빨리 크는 아이가 있고 늦게 크는 아이가 있다. 뒤집기도 빠른 아이가 있고 늦는 아이가 있다. 말도 배우는 시기가 제각각이다. 분명한 사실은 정상적인 아이라면 길어야 몇 주, 몇 달 안에 다 정상 범위의 성장 수준을 따라잡는다는 것이다. 괜히 부모가 조바심을 느껴 늦되지 않나 안절부절못하는 것뿐이다. 정작 아이는 좀 늦게 뒤집어도 좀 늦게 걸어도 말이 좀 늦되어도 불편을 못 느낀다. 자기가 늦는다는 사실조차 모른다. 다른 아이와 비교하지도 않고 불안해하지도 않는다.

부모가 불안하면 그 불안이 아이에게 전염된다. 이유도 모르면서 부모가 불안해하니까 아이까지 불안해진다. 부모의 불안 원인을 아이는 알 수 없다. 걷는 것이 뭔지, 말하는 것이 뭔지 모르는 아이에게 부모의 바람이나 불안의 이유를 설명할 길은 없다. 단지 부모의 감정과 태도, 조급해하는 느낌을 아이는 감지할 뿐이다. 달라진 분위기, 행동, 말투, 억양을 감정의 형태로 받아들이고 배운다.

학교에 들어가면 본격적인 비교가 시작된다. 성적으로 모든 학생을 줄 세운다. 평가 방법에서 필연적으로 비교가 강요된다. 시험은 학생의 학습 상태를 객관적으로 가장 잘 알려주는 방법이다. 인류 문명만큼이나 오래된 평가방식이지만 얼쩔 수 없이 패배자와 탈락자를 낳는다. 잘하는 학생과 못하는 학생의 차이가 날 수밖에 없다. 하지만 지금까지 나온 평가방식 중 제일 공정하고 동등한 기회를 제공하기 때문에 논란이 있어도 계속 지속될 것이다.

평가 대상인 학생들은 결코 편하지 않다. 우수한 학생들은 더 좋은 점수를 받으려 스트레스를 받고 최상위권 학생들은 위치를 지키려고 노력한다. 상위 그룹의 학생은 성적에 따른 스트레스가 크더라도 성취에 따른 희열을 느낄 수 있다. 문제는 중위권과 하위권 학생들이다. 노력해도 안 되는 좌절감에 상처를 받고 심지어 학업을 포기하기도 한다. 우리나라처럼 고등학교 성적이 대입과 직접 연관되고 대학도 서열화된 상태에서는 학생들이 시험 하나하나에 받는 충격이 매우 크다.

비교는 학생 때만 있는 것이 아니다. 진정한 인생의 차이는 학교를 졸업하고 도드라진다. 졸업하면 직장과 개인 사업 등으로 본격적인 사회생활을 시작하는데 이때도 비교가 된다. 대기업이냐 공기업이냐, 사업이면 어떤 분야냐, 전문직이냐 등을 따진다. 결혼할 때는 배우자와 집안을 비교한다.

어느 정도 인생을 살아도 비교는 끊이지 않는다. 집, 차, 소득, 여가 등 남을 의식하는 것들이 신경을 건드린다. 아이를 낳으면 남보다 잘 키우고 싶은 마음에 아기 옷도 고가의 것으로, 유아교육도 형편보다 무리하게 한다. 내 아이가 다른 아이에 비해 뒤처지지는 않는지 안절부절못한다. 당연히 아이의 개성은 무시된다. 아이가 학교에 가면 적성이고 뭐고 다 집어던진 채 오로지 성적으로 비교하고 평가한다. 성적의 중요성을 잘 아는 부모일수록 아이의 학교 성적에 민감하게 반응한다. 결국 아이와 부모의 세대에 걸친 악순환이 계속된다.

비교와 경쟁은 현대 사회를 이야기할 때 빼놓을 수 없는 요소다. 오늘날 과거의 맹수 위험 등 생존을 직접 위협하는 불안 요소는 많이 사라졌다. 반면, 사회적 측면에서 더 큰 불안이 유발되고 있다. 그 대표적인 게 비교와 경쟁이다. 내가 가진 것에 기뻐하기보다 타인과 비교하면서 나의 부족한 것만 크게 보고 나만 뒤처지는 듯한 느낌에 사로잡히는 것이다. 사실은 남도 나를 보면서 부러워할 수도 있는데 말이다.

적당한 비교는 인생에 도움이 된다. 하지만 끝없는 비교는 인생에 아무런 도움이 안 된다. 이 정도면 되었다고 만족해야 하는데 계속 나보다 더 나은 사람, 더 가진 사람과 비교한다. 만족이란 없다.

인간을 비롯한 세상 만물에는 모두 자기 시계가 있다고 한다. 태어나고 자라고 성숙하고 늙고 죽는데 모두 자신만의 과정을 간다. 올

때는 순서가 있어도 갈 때는 순서가 없는 법이다. 모든 인생은 백이면 백 다 다르다.

비교 속의 칭찬은 일면 긍정적인 효과가 있다. 그러나 비교 속의 질책은 열 배의 역효과가 있다. 아이들도 형제와 비교하면서 나무라면 굉장히 불쾌해한다.

거듭 말하지만 내 안에서 긍정적인 비교는 발전의 동력이 된다. 그러나 타인과의 비교는 상처를 주는 칼이 된다. 그래서 '비교'라는 것은 불보다 조심해서 다뤄야 한다. 성장 과정부터 내재된 비교 습관은 인생 전반에 걸쳐 영향을 준다. 대체적으로 외부에 의해 어쩔 수 없이 받는 비교는 자존심에 상처를 주게 마련이다. 또 이런 부정적인 비교가 습관화되면 평생 남과 비교하면서 인생을 낭비하게 된다. 행복은 남과 비교하는 데서는 나올 수 없다. 나의 어제와 오늘을 비교해서 스스로 나아가고 만족할 때 충만해진다.

2

감정에
솔직해져라

.

감정이란 무엇일까? 감정이란 '어떤 현상이나 일에 대하여 일어나는 마음이나 느끼는 기분'을 말한다. 감정은 매 순간 나와 같이 있다. 이성이 회색 건물이라면 감정은 건물에 입힌 색이다. 긍정적인 감정, 부정적인 감정, 중립적인 감정 등 다양한 감정은 삶에 색깔을 입히고 인생을 풍요롭게 만든다.

파충류는 감정이 없다고 한다. 표정도 없고 단지 살기 위해 움직인다. 그래서 피도 눈물도 없는 냉혈한이라는 말이 생겨났다. 파충류의 뇌는 생존 본능에 충실한 기관일 뿐 감정과는 상관이 없다. 감정을 느끼는 일은 파충류보다 더 진화한 고등동물부터 가능하다. 개나 고양이 같은 반려동물은 감정이 있어서 사람과의 교감이 가능한 것이다.

사람의 뇌 중 대뇌는 고등 기능을 담당한다. 감정, 이성 등 동물과 다른 사람답게 존재할 수 있는 이유는 대뇌 덕분이다. 파충류의 뇌

역할은 뇌간이 담당하며 생존 본능을 수행한다. 대뇌가 기능을 못해도 생명을 유지할 수 있으나 뇌간이 손상되면 바로 사망한다.

감정이 없어도 살 수 있고 또 일정 수준 사회적으로 성공할 수 있다. 《오즈의 마법사》의 양철나무꾼처럼 심장이 없어도 서쪽 나라의 왕이 될 수 있다. 그래도 나무꾼은 심장을 가지는 것이 소원이고 도로시가 심장을 선물해 행복을 찾는다.

〈플레전트빌〉이라는 영화가 있다. 세상은 흑백이다. 삶은 아주 평안하고 변화가 없다. 다툼도 사랑도 흥분도 없고 단조롭고 평화롭다. 감정을 느끼는 일은 금기다. 그런데 어느 날 주인공에 의해 조금씩 사람들이 감정을 느낀다. 감정을 느낄 때마다 색깔이 나타난다. 사람들은 처음에는 당황하고 어쩔 줄 몰라 하지만 결국 감정을 알고 흑백의 세상이 형형색색의 제 색깔을 찾는다. 보기에도 시작할 때의 칙칙한 흑백 화면보다 화려하고 생기 넘치는 후반부 화면이 훨씬 예뻤다. 감정이 없는 삶을 시각적으로 아주 잘 나타낸 영화가 아닐 수 없다.

감정 없이 이성과 논리로만 산다면 삶에 색깔이란 없다. 음악을 들어도 느끼기보다 분석을 한다. 리듬에 따라 감상하기보다는 박자를 분석하고 강약을 따진다. 그림을 볼 때 전체적인 느낌으로 음미하지 않고 구도와 색깔, 재료만 따진다. 음식을 먹을 때도 맛있다, 잘 먹었다 생각하지 않고 재료와 위생과 값만 분석한다. 이런 상태를 음식을 즐기고 예술을 감상했다고 할 수 있을까. 감정을 억제하는 것은 짙은 선글라스를 쓰고 세상을 보는 꼴이다.

감정이 없는 삶은 단지 먹고살기 바쁜 동물적인 삶이다. 먹고살기

바쁜데 한가롭게 감정 타령을 할 시간이 없을 수도 있지만 감정을 느끼는 데 시간과 돈이 많이 들지는 않는다. 잠깐 창밖을 보거나, 아이를 한 번 더 바라보거나, 음식의 냄새를 한 번 더 맡는 행동이 감정을 느끼고 살린다.

《거인의 정원》의 주인공인 욕심쟁이 거인은 아이들을 싫어해서 자기 정원에서 아이들을 쫓아버리고 못 들어오게 담을 친다. 그러자 봄이 왔는데도 거인의 정원에는 계속 겨울이다. 이유를 몰랐는데 어느 날 정원 한쪽에만 봄이 오고 꽃이 피었다. 담에 구멍이 나서 아이들이 들어와 노는 자리였다. 거인이 다가가니 아이들은 놀라서 도망가고 다시 겨울이 되었다. 거인은 그제야 깨닫고 담을 없앤다. 누구나 자유롭게 정원으로 들어오라고 허락하자 겨울이 물러가고 꽃이 핀다. 감정이 없다면 마음은 봄이 오지 않는 정원과 같다.

감정을 억압하면 어떤 일이 벌어질까? 이성과 감정이 충돌하는 상황이 온다면 둘 중 하나를 억누르거나 숨겨야 한다. 쓸 필요가 없는 에너지가 들어간다. 좋아하는 마음을 들킬까 봐 조마조마한 경험이 있다면 잘 알 것이다. 누가 알까 불안하고 혹시 소문이라도 나면 어쩌나 항상 신경을 쓴다. 운전하는데 오른쪽 깜빡이를 켜고 왼쪽으로 가는 상황처럼 온통 엇박자다.

슬픈 일이 있지만 어쩔 수 없이 즐거운 자리에 참석해서 눈물을 숨기려면 마음은 불편하고 괴롭다. 코미디언들은 부모님이 돌아가신 날에도 남을 웃겨야 한다. 그런 날은 직업이 싫다고 한다.

카타르시스는 슬플 때 슬픔을 표현해야 일어나는데 슬픈 영화를 보고도 감정을 억누르면 찝찝하고 불쾌한 기분만 남는다. 좋은 일은 좋다고 감정을 드러내야 기쁨이 더 커진다. 아플 땐 아프다고 해야 도움을 받고 무서울 땐 무섭다고 해야 지원군이 온다. 무서운데 안 무서운 척하면 만용이 된다. 잠깐 동안 괜찮은 척해도 결국 주저앉고 만다.

감정을 숨기고 감정에 솔직하지 못한 밑바닥에는 불안감이 깔려 있다. 내 감정을 주체하지 못할 것이라는 자신감의 부족, 속마음을 남이 알면 어떤 반응을 보일까 하는 우려가 있다. 지금까지 내 감정과 어긋나게 행동했다면 남이 어떻게 볼까 하는 걱정이 앞선다. 좋은 일이 생겼어도 너무 좋아하면 좋은 일이 사라지는 건 아닌가 하는 불안감도 생긴다. 돈이 있다고 소문이 나서 도둑이 들지 않을까 하는 걱정과 비슷하다. 내 감정을 표현할 때 주변을 너무 의식하는 것이 문제다. 지나치게 주변과 맞추는 건 자신감이 부족한 탓이다.

감정은 때와 장소에 따라 시시각각 변한다. 한순간의 감정만이 전부라고 해석할 필요는 없다. 첫인상이 안 좋았는데 만날수록 호감 가는 사람이 있고 반대의 경우도 많다. 사람뿐 아니라 음식, 풍경 등에 대한 감정은 항상 변한다.

지금 느끼는 감정만이 영원하다고 생각할 필요는 없다. 전에는 좋았는데 지금은 무덤덤하다고 당황할 필요도 없다. 변한 감정을 받아들이는 일도 필요하다. 감정은 변하는 데 이성으로 '이러면 안 돼' 하며 붙들고 있기도 괴로운 일이다. 나도 힘들고 들킬까 봐 불안하지만 상대도 눈치를 챈다. 차라리 변한 감정과 타협하는 것이 낫다. 감정을 이기기란 어렵다.

외부에서 주입한 행동 규범 중 '착하지'라는 말이 있다. 나중에 착한 사람 콤플렉스가 될 정도로 지겹게 많이 듣는 말인데 뜻도 규정하기 힘들다. 본질적으로 남의 말을 잘 들어야 한다는 전제를 둔 말이다. 내 느낌, 감정보다는 상대를 우선시한다는 게 기본에 깔린 말인데 사회에는 필요할지 몰라도 개인에게는 일단 굽히라는 강요일 뿐이다. 이것이 지나치면 나는 사라지든 말든 남의 말만 의식하라는 뜻이 된다.

나와 내 감정을 죽인 채 남의 말을 들으면 착하다는 의미 없는 칭찬만 남고 정작 나는 소외된다. 내가 아닌 남을 위해 살 때 삶은 공허해진다. 한정된 삶에서 남만 의식하면 점차 나는 사라진다. 남만 의식하며 살기보다 나와 내 감정을 돌보는 삶을 살아야 한다.

감정에 솔직하려면 마주 볼 용기와 더불어 감정을 드러내는 연습이 필요하다. 인생은 살고 경험하고 느끼는 그 모든 것이다. 외부 세상 못지않게 중요한 부문이 나의 내면이다. 군대가 싫은 까닭은 육체적으로 힘들고 고통스러운 것 때문보다는 하기 싫어도 해야 하고 하고 싶어도 못 하는 통제된 상황 때문이다. 몸의 통제에는 저항하면서 마음과 감정을 통제하는 것에는 무관심하거나 혹은 관대하다면 이처럼 우스운 것도 없다. 울 때는 울고 좋아할 때는 좋아해야 한다. 감정을 너무 억누르지 말자. 솔직하지 못하면 두고두고 미련이 남는다.

'내 마음 나도 모르게', '내 마음 나도 몰라'라는 말이 있듯 감정은 이성으로 통제할 수 없다. 어찌 보면 마음에서 내가 통제하는 이성 부위는 작은 부분일 수 있다. 이는 더 큰 부위인 잠재의식, 감정, 본능 위에 떠 있는 섬이다. 내가 통제하는 이성만이 나의 전부가 아니다. 더 큰 부분인 감정을 무시하면 필시 탈이 난다. 지금부터라도 감정에 솔직한 인생을 살아보자, 인간답게.

3

내가 아니면 안 된다는 생각을 버려라

대학 다닐 때 나는 연극을 했다. 그 시절, 후배들은 주로 무대 위에서 연기를 하고 연출이나 기획처럼 전체를 아우르는 역할은 선배들이 담당했다. 알다시피 연극은 배우에 의해서만 이루어지는 게 아니다. 연출, 기획, 무대 장치, 소품, 조명, 음악, 음향, 분장, 의상, 연극 진행 등 각 파트의 담당자가 필요하다. 이들이 유기적으로 관계할 때 완성도 높은 연극 한 편이 비로소 세상에 나올 수 있다.

그만큼 스태프 하나하나가 모두 중요한데, 그중에서도 가장 막중한 역할을 하는 스태프를 꼽아야 한다면 그것은 바로 연출자다. 연출의 기능은 글로 된 대본에 생명력을 불어넣는 것이다. 요컨대 연출자는 2차원의 대본 종이를 해석 과정을 거쳐 3차원의 현실로 만들어내는 사람이다.

연출을 하면 욕심이 생긴다. 내 작품이라는 책임감과 자부심이 생기면서 작은 부분까지 다 관여를 하고 싶게 마련이다. 하지만 여기서 욕심을 눌러야 한다. 배우나 각 스태프도 자기 영역이 있고 자부심이 있다. 각자 맡은 분야에 책임이 있고 의욕이 있다. 그런데 연출자가 지나치게 관여를 하면 의욕이 꺾이고 수동적이 된다. 결국 모든 걸 연출자가 다 지시하고 검토해야 하는 상황이 된다. 하지만 연출자는 배우들과 씨름하는 것만으로도 시간이 모자란다. 사사건건 다 관여하면 지치고 만다. 맡길 건 최대한 맡기고 핵심만 붙잡는 것이 성공적인 연극 작품을 만들어내는 연출 비법이다.

모든 일을 자기가 직접 해야 직성이 풀리는 사람이 있다. 바쁘고 항상 시간에 쫓기는데 나아지지 않는다. 열심히 살아도 달라지는 게 없다. 고생을 사서 하는 사람이다. 벌여놓은 채 매듭짓지 못한 일도 많은데 여기저기 간섭을 한다. 무엇이든 자기 눈으로 확인하고 자기가 끝맺어야 안심이다. 때로는 팔방미인처럼 에너지가 넘치는 사람으로 보일 수도 있다.

물론 자기가 모든 일을 다 한다는 게 잘못된 것은 아니다. 일상생활이나 작은 사업체는 주인이 모든 일을 챙길 수밖에 없고 또 일정 수준까지는 다 관여해야 한다. 문제는 자기 역량을 넘어서까지 관여하는 경우다. 내가 모르는 분야나 남이 더 잘하는 분야까지 간섭을 하거나 나의 에너지가 바닥났는데도 직접 챙겨야 한다고 나서니 문제다.

인생의 본질은 시간이다. 라틴어 '유비쿼터스(Ubiquitous)'는 '언제 어디에나 존재한다'는 뜻이다. 또한 이는 장소 불문하고 자유롭게 네트워크에 접속할 수 있는 정보통신 환경을 말한다. 불행하게도 사람은 유비쿼터스가 불가능하다. 오직 한순간 한곳에만 존재할 수 있다. 유한한 공간과 유한한 시간을 사는 사람의 숙명이랄까.

사람에게 주어진 시간은 누구나 똑같다. 지상에 존재하는 시간의 길고 짧음의 차이는 있지만 사는 동안은 시간이 공평하게 주어진다. 그렇지만 소수는 정해진 시간 안에 엄청난 성과를 이루는 데 반하여 "지루해, 시간이 참 안 간다"는 말을 입에 달고 사는 사람도 많다. 또 항상 바쁘고 열심히 살지만 보잘것없는 결과물만 내고 인생을 마무리하는 사람도 있다. 왜 이런 차이가 날까? 이는 인생을 대하는 태도와 시간을 사용하는 자세가 다르기 때문이다.

삶은 생존에 필수적인 부분과 사회적인 존재로서 성취하는 부분으로 나눌 수 있다. 생존에 필요한 기본 행위는 타인이 대신할 수 없다. 먹고, 입고, 배설하고, 번식하는 일은 아웃소싱할 수 없다. 도우미가 집안일과 자녀 양육까지 대신하더라도 기본적인 행동은 스스로 해야 한다. 정도의 차이가 있을 뿐이다.

사회적인 영역에서 성취의 차이는 대단히 크다. 태어날 때부터 집안 차이가 나는 경우는 차치하고라도 비슷한 환경에서 태어난 사람들 역시 시간이 흐르면 사회적 위치가 너무 벌어진다. 맨바닥부터 시작하여 재계·정치권 등 각 분야에서 정상에 오른 사람도 있고, 성장기보다 못한 위치로 떨어진 사람도 있다. 왜 이런 결과가 나올까. 꿈의 크기와 욕망, 의지 차이도 있지만 시간을 쓰는 방법도 큰 변수가 된다. 시간을 잘 쓴다는 말은 내 시간을 중요도와 긴급도에 따라 잘 배분한다는 뜻과 함께 타인에게 일을 잘 맡긴다는 의미가 있다.

핵심만 내가 처리하고 나보다 더 뛰어난 사람에게 일을 위임하는 것, 또 직접 안 해도 되는 일을 다른 이에게 맡기고 핵심에 집중하는 것이 성공하는 사람과 평범한 사람의 차이점이다. 손오공만 분신술을 쓰는 것이 아니라 사람도 분신술을 쓴다. 내 일을 다른 사람에게 위임하는 분신술 말이다. 혼자 일하는 사람이 여러 명의 협업 시스템을 당해내기란 정말 쉽지 않다. 이런 점에서 인생 성공은 내 일을 대신해줄 사람을 얼마나 빨리, 얼마나 많이 구하느냐에 달렸다고 해도 과언이 아니다.

　사업이나 커다란 작업 말고도 일상의 작은 일도 남에게 맡기지 못하는 사람이 있다. 항상 신경이 분산되어 있다. 늘 피곤하다. 주변에서 이제 다른 사람에게 맡기라고 해도 고집스레 직접 일을 처리한다.

왜 남에게 일을 맡기지 못할까? 불안하기 때문이다. 일을 그르칠까 봐 불안하고 또 다른 사람이 일을 잘 처리하면 자신의 위치가 흔들릴까 봐 불안하다. 또는 자신이 최고라는 자만심 때문에 고집하는 경우도 있다. 게다가 주변 사람이나 후계자가 영 미덥지 못하다. 그래서 일을 혼자 다 처리하는 것이다.

모든 일을 내가 다 한다고 나서면 어떻게 될까? 과로로 쓰러지는 것은 당연하다. 무엇보다 과도한 일을 하면 질적 성장을 이룰 수 없다. 나아가 다른 사람이 성장할 기회를 빼앗는 꼴이 된다. 일이란 실수를 하면서 배우는 것으로, 시행착오는 성장에 필수 과정이다. 다른 이의 실수를 견디지 못하고 윽박지르는 것은 어린아이에게 넘어지면 안 되니까 걷는 연습을 하지 말라 하는 꼴이다.

사람은 자기를 믿어줘야 노력하고 성장한다. 일을 맡기지 않는다면 "나는 너를 믿지 못한다" 하는 것과 같다. 믿음과 격려가 없으면 누구도 제자리에서 움직이려 하지 않는다. 미덥지 못하더라도, 불안하더라도 맡겨놓고 스스로 궁리하고 해결하게 해야 한다. 혹시 위험한 상황으로 전개되거나 너무 오래 제자리에 있을 때 한두 마디 조언을 건네는 정도로만 나서면 된다. 대부분 사람은 스스로 해결책을 찾고 또 학습 능력을 발휘하여 배우고 익힌다. 물론 서툰 손길을 지켜보고 있노라면 불안하다. 그러나 그 불안도 과정이다. 성장하는 과정을 즐기는 여유도 필요하다.

남에게 일을 나눠주면 남는 것이 있다. 시간과 에너지다. 사업의 밑천이 돈이듯, 인생의 밑천은 시간과 에너지다. 쉬어도 좋고 새로운 일을 시작해도 좋다. 한정된 인생을 한 가지 일만 하고 한 공간에만 간혀 사는 삶은 답답하다. 도를 닦는 심정으로 장인의 길을 가겠다면 자기 분야에서 더 갈고닦는 게 의미가 있지만, 그렇지 않다면 주변에 관심을 가지자. 사람을 만나도 좋고 여행을 가도 좋다. 새로운 것에 호기심도 가지고 낯선 곳에도 발길을 돌려보자. 매일 똑같이 살다 가기엔 인생이 너무 아깝다.

지금 모든 일에 내가 없으면 안 된다는 책임감을 놓지 못하고 있는가? 그렇다면 과감히 놓고 떠나보자. 그리고 돌아와보자. 세상은 내가 없어도 잘 돌아간다는 사실을 새삼 확인할 수 있을 것이다.

이형기 시인은 시 '낙화'에서 '가야 할 때가 언제인가를 알고 가는 이의 뒷모습은 얼마나 아름다운가'라고 노래했다. 자연도 사람도 갈 때는 가야 한다. 물러날 때는 웃으면서 자리를 물려주고 떠나야 한다. 갈 시간이 한참을 지났는데도 움켜쥐고 버티면 추하다. 언젠가 자리는 넘겨줄 수밖에 없다. 아무리 피라미드를 높게 쌓아도, 아무리 불로초를 찾아도 때가 되면 가야 한다는 진리를 거스를 수 없다. 남이 고마워할 때, 내가 아직 수습할 힘이 있을 때 과감히 다른 사람에게 신뢰로써 맡겨보자.

4

가끔은
지는 것이 편하다

대학 시절, 나는 사소한 일에 자존심을 자주 걸었다. 대개는 술과 당구였다. 지금 나는 술에 약한 편이다. 주량은 많아야 맥주 두 병 정도이지만 대학 시절에는 꽤 마셨다. 나이도 팔팔했고 치기도 있었다. 후배나 친구들 앞에서 술을 거절하면 왠지 꼬리를 내리는 듯한 기분 때문에 술판이 벌어질라치면 항상 끝까지 갔다. 중요한 일이 있든 없든 중간에 일어난다는 것은 자존심이 허락하지 않았다. 그냥 지기 싫어서 버티고는 파장 무렵에 먹은 것을 다 토해내고 며칠간 속앓이를 된통 하곤 했다.

한편, PC방은커녕 마땅히 즐길 거리가 변변치 않던 그 시절에 가장 많이 한 것은 당구다. 여기에서 또 자존심 싸움이 벌어진다. 당구비와 짜장면 내기를 할라치면 절대 지면 안 되었다. 이길 때까지 계속하는 오기로 몇 시간씩 당구장에서 죽친 적도 있다. 수업도 빼먹고 지칠 때까지 쳤다. 오락적 재미는 사라지고 독기만 남았다. 이겨도 피곤하기만 했다.

우리나라 사람들은 목숨이 하나라서 다행이라는 생각을 자주 한다. 만약 목숨이 여러 개라면 분명 홧김에 목숨 하나 정도 버리는 사람이 엄청나게 많을 것이다. 사실, 우리는 일상에서 목숨을 가볍게 여기는 듯한 말들을 무의식적으로 참 많이 한다. "목숨 걸고 해내겠다", "죽을힘을 다하겠다", 심지어 "기분 나빠 죽겠다", "좋아 죽겠다" 등등…….

사소한 일을 가지고 극단으로 치닫는 경우가 종종 있다. 애들이 말을 안 들을 때부터 주차 문제, 운전 중 다툼에 이르기까지! 흥분해서 아무 소리도 안 들리고 아무 생각도 없이 말을 쏟아낸다. 나중에 생각하면 얼굴이 붉어질 때가 한두 번이 아니다. 대화로 해결하기보다는 힘으로 굴복시키려는 게 고착된 느낌이다. 오죽하면 아이들이 아빠는 휘발유라고 할까.

화는 격에 맞게 내야 한다. 작은 다툼에는 작은 화를 내고 큰 다툼에는 큰 화를 내야 하는데, 다툼이 크건 작건 무조건 벌컥 화를 내고 목숨을 건 전투태세로 돌입한다. 마치 집에 파리가 한 마리 들어왔는데 파리를 잡겠다고 온 집 안에 그물을 치고 방마다 살충제를 뿌리는 격이다.

왜 이렇게 사소한 것에 목숨을 거는 걸까? 이유는 많겠지만, 토론으로 상대방을 설득하는 교육 과정의 부재, 실리보다는 체면을 중시하는 사회 분위기, 목소리가 커야 손해를 덜 본다는 잘못된 경험, 과정보다 결과만 중시하는 빨리빨리의 문화, 아직은 법보다 주먹이라는 왜곡된 의식 등이 복합적으로 작용하는 것 같다.

꼭 이겨야만 된다는 강박관념은 마음에도 큰 스트레스다. 일상에서 숱하게 부딪히는 사소한 다툼 때마다 온몸의 힘을 동원해야 하는 긴장과 에너지 낭비도 만만치 않고 또 필요 이상의 화를 낸 뒤에 오는 수치심과 자괴감도 상당하다. 화가 난 뒤 증가된 스트레스 호르몬의 작용도 시간이 꽤 지나야 사라진다. 그 시간 동안은 몸도 마음도 경직되어 불편하다.

다툼에서 이기고 나서도 별 소득은 없다. 보잘것없는 일에 대한 승리는 허탈하다. 다툼에서 진 상대방의 분노도 고스란히 전가된다. 당장은 힘으로 이겼지만 나중에 언제라도 상대의 반격이 나온다는 것을 안다. 비슷한 경우에는 또 전투를 치러야 한다는 생각에 마음이

편하지 않다.

왜 꼭 이겨야만 할까? 진다고 창피한 것은 아닌데! 더구나 지는 것이 아닌 양보는 더더욱 창피하지 않다.

이상 시인이 술에 취한 채 한 사내와 시비가 붙었다. 못 먹은 데다 지병까지 있는 그는 불쌍해 보일 정도로 삐쩍 말랐다. 그가 건장한 상대와 한 판 붙으면 결과는 뻔했다. 그가 물었다.

"당신과 내가 싸우면 누가 이기겠소?"

"내 주먹 한 방이면 넌 골로 간다."

"당신 말이 맞소. 그렇다면 승부가 뻔한 싸움을 해서 뭐 하겠소? 당신이 이겼소."

상대는 그의 말에 반박을 못했고 싸움은 그렇게 끝나버렸다. 당황한 쪽은 상대다. 온몸을 전투태세로 바꾸고 막 분출하려는 찰나 상대가 순순히 패배를 시인하니 힘이 쭉 빠졌다. 결국 승리는 거두었지만 아무것도 얻은 게 없었다.

살다 보면 목숨 걸 사건을 만날 일은 거의 없다. 사소한 일에 쓸데없는 자존심과 감정이 동원되어 일이 커질 뿐이다. 우발적인 다툼도 오해에서 비롯된 경우가 많다. 웃는 사람에게 나를 비웃는다 오해하기도 하고, 딴생각을 하느라 말을 못 들었는데 무시했다 생각할 수도 있다.

다툼뿐만 아니라 경쟁에서도 꼭 이길 필요는 없다. 결사적으로 쟁취했지만 나중에 쓰지도 않고 버리지도 못하는 경우도 많다. 홈쇼핑은 이런 심리를 이용한다. '한정판', '득템', '다시 오지 않을 기회' 등을 내세우며 판촉에 열을 올린다. 카운트다운을 한다. 기회는 한 시간뿐이라고 한다. 이번이 아니면 영영 사지 못할 '레어템'처럼 포장하고 조급한 분위기를 조성한다. 결국 전화를 걸어 구매하고, 이후 남는 것은 후회뿐이다. 사지 않더라도 아무 문제가 없는 것이니까.

경매에서 파는 사람이 제일 이득이 남는 경우는 살 사람끼리 자존심 싸움이 붙을 때다. 한 예능 프로에서 여자 가수가 내놓은 물건을 놓고 남자 둘이 경쟁적으로 경매가를 올렸다. 결국 MC가 중간에 중지시켰는데, 몇만 원짜리의 물건이 백만 원 넘게 올라가는 것을 보고 어이가 없었다.

이기려고 어떻게든 열을 내고 흥분할 에너지를 아껴서 다른 일에 투자하라. 당장은 이 일이 중요하고 목숨 걸 만큼 심각하다 생각하지만 흥분이 가라앉고 조금만 시간이 지나면 사소한 일이라는 걸 안다. 그러면 여지없이 흥분했던 그 순간이 그렇게 창피할 수가 없다.

모든 것을 잘하고 항상 이기고 살 수만은 없다. 꼭 이기겠다는 생각이 꽉 차 있으면 다른 감정을 채울 수 없다. 승부의 과정에서 느낄 수 있는 양보, 배려, 협력 등 새로운 경험을 할 수 없다.

삶은 '기브 앤 테이크'인 경우가 대부분이다. 내가 한 번 양보하면 상대도 한 번 양보하는 게 인생 룰이다. 물론 룰을 깨는 사람이 있지만 그런 경우는 경기장에서 추방당하게 마련이다. 작은 욕심을 부리다 큰 손해를 본다. 양보도 투자이고, 지는 것도 투자이다. 상대는 아주 중요하지만 나는 큰 의미가 없는 일이 있고 반대로 상대에게는 별 의미가 없지만 나에게는 중요한 일이 있다. 이런 때 양보하고 져주면 서로 '윈윈'이 된다. 내가 양보를 바랄 때 전에 양보한 일이 투자로 돌아온다.

다음에 받을 생각으로 양보하지 않더라도 지는 것 자체로 의미가 있다. 일단 이기기 위해 들여야 할 에너지와 시간이 절약될뿐더러 남은 에너지를 다른 일에 쓸 수 있다. 절실하지 않은 일을 두고 경쟁할 시간을 휴식 및 재충전의 시간으로 돌릴 수 있다.

몸이 전투 상황에 빠지면 상황이 끝나도 흥분이 꽤 오래간다. 가빠진 호흡도 가라앉혀야 하고 심장도 평소 수준으로 돌려야 하고 온몸을 도는 흥분 호르몬도 소모해야 한다. 흥분한 뒤 정상으로 돌아가는 데도 에너지와 시간이 필요하다. 한마디로 쓸데없는 소비다. 양보해도 되는 일에 이런 낭비를 하지 않는 것 자체가 남는 일이다.

물러서면 안 될 때는 죽을 각오를 하고 싸워야 한다. 하지만 평범한 삶에서 그런 일은 거의 생기지 않는다. 늘 긴장하고 있으면 진짜 목숨 걸고 싸울 때가 오기 전에 지치고 만다. 가끔은 지는 여유를 보이자. 져도 괜찮다. 손해가 뻔히 보이는데도 그동안 들인 시간과 정성이 아까워 발을 빼지 못하면 결국 손해를 더 키우고 말 것이다. 마음도 버티다 포기하면 오랫동안 미련의 상처로 남는다. 반면 일찍 포기하면 쉽게 잊을 수 있다. 감정의 매몰 비용이다. 마음도 손해를 털고 일어나는 것이 좋다.

'에스키모의 늑대 잡는 법'이라는 재미있는 이야기가 있다. 늑대가 다니는 길에 피 묻은 칼을 날이 위로 가게 거꾸로 꽂아 둔다. 늑대가 지나가다 피 냄새를 맡고 칼날을 핥는다. 늑대는 피 맛을 보고 더 핥는다. 자기 피인 줄도 모르고 계속 핥는다. 출혈이 심해 죽고 만다.

그때 가서 들고 온다.

가치 없는 일까지 다 이기려 하는 건 이와 비슷하다. 몇 번 이겨서 피 맛을 보지만 그 과정에는 내가 흘린 피도 섞여 있다. 이길수록 출혈이 더 심하고 결국 쓰러진다. 칼날과 싸워봤자 손해다. 피하는 것이 상책일 수 있다.

죽을 때까지 배우고 느끼고 경험해도 세상의 극히 사소한 부분만 접할 수 있다. 눈앞에 보이는 것만 중요하고 의미 있는 것은 아니다. 한정된 에너지를 눈앞에 있다는 이유로 하찮은 일에 집중하지 말자. 시간도, 감정도 한정되어 있다. 성공하려면 잘하는 데 집중해야 한다. 이와 같은 맥락이다. 불필요한 일은 버리고 내 인생에서 가치 있는 일에만 집중하자.

5

파란 사과를 좋아하는 사람도
있다

　나는 사과를 참 좋아한다. 주먹보다 약간 큰 사과를 한입 베어 물때 와삭하는 소리 그리고 씹을 때마다 사각사각한 식감, 시원하면서 상큼한 과즙이 좋다.

　대체적으로 사과를 그려보라고 하면 거의 빨간색을 그린다. 보기에도 빨간 사과가 더 맛있어 보이기 때문이다. 이런 이미지에 걸맞은 것이 유명한 전북 장수의 사과다. 늦가을 무렵, 장수에 가면 온통 사과 천지다. 나무마다 빨간 사과가 매달린 모습이 파란 하늘과 대비되어 너무 아름답다. 미처 따지 못한 사과는 바닥에서 굴러다닐 정도다. 나무에서 빨갛게 잘 익은 사과를 따서 옷에 한두 번 쓱쓱 닦고 베어 물면 과즙이 입 안에 가득차면서 감탄이 절로 나온다.

　파란 사과를 먹은 건 한참 뒤였다. 파란 사과는 익지 않았다고 생각했는데 그건 착각이었다. 아오리 사과! 덜 익은 것이 아니라 원래 그런 색이다. 맛도 좋았다. 그러고 보니 덜 익은 파란 사과도 먹을 만했다. 사과는 빨개야 한다는 생각은 그야말로 고정관념이다.

비슷한 예로 난 단감을 별로 좋아하지 않는다. 일부러 사 먹은 적이 없을 정도다. 내가 먹는 감은 홍시뿐이다. 빨간색으로 단물이 줄줄 흐르는 홍시를 한입에 쪼옥 빨아먹을 때나 숟가락으로 떠먹으면 너무 맛있다. 곶감도 좋아한다. 부드러운 연시만 골라먹는다. 단맛이 이루 말할 수 없다. 나에게 감은 입으로 빨아먹거나 수저로 떠먹든가 곶감처럼 손으로 찢어먹는 과일이다.

그런데 아내는 단감을 더 좋아한다. 큰 감을 사과처럼 껍질을 깎고 잘라먹는 것을 좋아한다. 막상 먹으니까 사각거리는 게 맛도 괜찮았다. 물론 나는 여전히 홍시를 더 좋아한다. 그렇지만 집에는 홍시보다 단감이 더 자주 보인다.

사람은 본능적으로 익숙한 것에 끌린다. 이성을 고를 때도 무의식적으로 부모의 외모를 닮은 사람에게 끌린다는 보고가 있다. 문제는 익숙함을 선호하는 정도를 넘어 다르다고 배척하는 태도다.

나와 남을 확실히 구분하는 사람이 있다. 이런 태도를 가지면 인생이 피곤해진다. 세상에 나와 닮은 것은 많지 않다. 내가 편하고 익숙한 세상은 소수라는 의미다. 다름을 불편해하고 익숙한 것만 쫓는다면 삶의 영역이 제한된다. 인간관계도 한정된다. 생업도 위축되고 경험도 일정 수준을 넘지 못한다. 생각도 일정 수준에 고착될 수 있다.

고정관념이 강할수록 변화가 불안하다. 모든 게 제자리에 있어야 하고 모든 일이 계획대로 진행되어야 하는데 인생이 어디 맘대로 되

나. 농경 사회에서나 한 해를 예측할 수 있지, 현대 사회에서는 당장 오늘 일도 예측이 불가능하다. 이런 시대에 생각이나 행동을 정해진 틀 안에서 하려 하면 적응은 물 건너간다.

강한 동물이 살아남는 것이 아니고 살아남는 동물이 강하다는 말도 있잖은가. 강한 동물은 주변의 변화에 관심이 없다. 세상을 자기 위주로 본다. 환경이 변해도 굳이 변화에 적응하려 하지 않는다. 그러나 한계치를 넘는 변화가 오면 적응하지 못하고 도태된다. 약한 동물은 살기 위해 변화에 촉을 세운다. 조그만 변화에도 바짝 긴장하고 최대한 적응한다. 작은 변화에 익숙하므로 큰 변화가 있을 때 빨리 적응할 수 있다. 그리고 적응하지 못한 강한 동물이 도태된 틈을 장악해 살아남는다.

변화에 저항하고 다름을 인정하지 못하면 항상 불안하다. 변화는 우주의 본질이고 인생의 법칙이다. 변하지 않는 것이란 없다. 그런데 익숙하고 동질성이 있어야만 안심이 된다면 머물 자리는 너무 작다. 있는 힘을 다해 제자리로 돌려놓으려 해도 모든 것은 변한다. 변하면서 달라진다. 울타리를 이룬 나무를 아무리 키를 맞춰 잘라도 자고 나면 키가 달라진다. 벽돌담을 쌓더라도 세월이 흐르면 허물어진다. 저항하느라 에너지만 낭비하는 꼴이다.

사람 사이의 다름을 인정하지 못하는 인생은 힘들다. 지상의 모든 사람에게는 개성이 있다. 생김새, 취미, 성향, 좋아하는 일이 똑같이 일치하는 사람은 지구상에 없다. 일란성 쌍둥이도 외모부터 조금씩 다르고 성격은 자라면서 더욱 차이가 난다. 백이면 백 다 다른 이들 사이에서 나와 비슷한 사람들만 인정하고 어울리려 하면 삶이 좁아진다. 거기다 다름을 인정하지 못하고 내 편 네 편까지 가른다면 삶은 곧 전쟁이 된다.

정해진 길로 가야만 안심이 되고, 같은 방식으로 살아야 한다 생각하고, 비슷한 생각과 생활양식의 사람하고만 어울려야 안정되는 이는 더 큰 세상을 놓치고 있는 것이다. 우물 안 개구리처럼 내가 보는 세상이 전부라 생각하고, 내가 어울리는 사람만이 옳다 생각하고, 또 나와 다른 세상 사람을 배척하면, 마치 공에서 떨어진 먼지 조각이 공을 밀어내는 것과 다를 바 없다.

운전을 할 때 좁은 길보다 앞이 탁 트인 넓은 길이 편하다. 좁은 길은 차 앞으로 뭐가 튀어나올까 불안하고 또 앞쪽에서 차라도 오면 꼼짝없이 차를 뺄 때까지 고생해야 한다. 속도를 조금만 올려도 시야가 좁아 운전 내내 긴장하고 어깨와 팔에 힘이 바짝 들어간다. 앞에서 사고라도 나면 돌아갈 길이 없어 사고 처리가 마무리될 때까지 하염없이 기다려야 한다.

반면, 넓은 길은 시야가 탁 트였다. 멀리서부터 앞 상황이 보이기 때문에 비상 상황에 미리 대비하기 쉽다. 도로도 여유가 있어 차량 흐름에 따라 쉽게 차선을 바꿀 수 있다. 차량 간격이 충분해서 운전 중에 긴장도 덜하다.

닮은 사람만 만나고 정해진 길로만 가려는 사람은 좁은 길로만 운전하는 사람과 같다. 항상 긴장하고 여유가 없다. 사고가 없다면 평소처럼 무난하게 살지만, 사고 즉 변화라도 있으면 삶이 꼬인다. 대비할 시간과 공간, 여유가 부족해 사고 처리에 시간이 너무 걸린다. 인생에서 쓸데없는 데 소모하는 시간이 많다. 생산적인 일에 써야 할 에너지를 사고가 날까 봐 경계하거나 사고 처리에 너무 낭비한다.

나와 다름을 경계하고 피하는 데 막대한 에너지를 사용하기 때문에 막상 나를 위해 투자할 여력이 없다. 나와 다른 취미, 성향을 가진 사람이 나를 공격하는 것도 아닌데 지나치게 방어적 자세를 취한다. 스스로 삶의 영역을 좁히고 좁은 길만 찾아다니는 꼴이다.

넓은 길로 나오자. 갖가지 모양, 여러 색깔의 차들이 차선을 지키면서 여유롭게 달리고 있다. 옆 차가 나와 다르다고 의식할 필요는 없다. 그 차는 제 길을 갈 뿐이다. 나도 내 길을 가면 된다. 나와 다르다고 나를 위협하지 않는다. 바짝 경계할 필요는 없다. 한 종류의 차들이 뭉쳐 달리는 경우는 공장에서 갓 나온 차들이 판매소로 이동할 때나 군대 차량이 이동할 때뿐이다. 그것을 제외하고 평소 이동하는 차들은 주인에 따라 다양하다. 다양한 차들이 도로를 달릴 때 평화롭고 안정감이 있다.

아일랜드 대기근의 원인은 감자 때문이었다. 소작농들이 임대료를 밀과 옥수수 등으로 지불하고 자신들의 생계는 감자에만 의존하고 있었다. 그런데 갑자기 감자 잎마름병이 들어 들판의 감자가 쓰러지고 뿌리까지 썩어버렸다. 이에 감자만 주식으로 삼던 농민들이 몽땅 굶어 죽은 것이다. 다른 비상식량을 확보해두었다면 이런 비극은 없었을 것이다.

다양성이 생명이다. 자연도 사회도 다른 삶이 모여 조화를 이루어야 건강하다. 나만 옳고 그 생각대로 가야 한다는 고정관념에 사로잡힌 삶은 점차 설 자리가 사라진다. 바람 불면 제일 먼저 부러지는 게 단단한 가지다. 유연한 풀은 먼저 눕고 먼저 일어난다. 절대 부러지지 않는다. 내가 인정받고 싶은 만큼 상대 또한 나와 다름을 인정하자. 그렇게 세상의 다양성을 인정하자.

거절은
나에 대한 것이 아니다

마음에 드는 이성을 만났는데 고백을 할까 말까 한 경험이 한 번쯤 있을 것이다. 나도 망설이다 끝내 말하지 못한 적이 있다. 지인 중에는 호감이 있었지만 용기가 없어 고백하지 못했는데 한참 지난 뒤 상대에게 먼저 말을 안 해서 포기했고 "왜 먼저 말하지, 안 했냐?"는 말을 들었다는 사람도 있다.

고백을 앞두고 주저하는 마음은 다 같다. 거절을 당할까 봐 두려운 거다. '생각해보겠다 해놓고 거절하면 어떻게 하지?'부터 '거절당했다고 소문나면 어떻게 하지?', '그 뒤에 어떻게 마주칠까?' 등의 고민에 망설이는 거다.

산다는 건 사람과 부딪치는 일이다. 좋은 일도 있고 얼굴 붉힐 일도 있지만 어울려 사는 게 인생이다. 인간관계에서 아쉬운 소리를 하지 않고 살 수는 없다. 사소한 부탁에서부터 인생이 달린 큰 거래까지 부탁하고 부탁받으며 우리는 그렇게 살아간다.

거절당하면 일단 기분이 나쁘고 의욕이 꺾인다. 아무리 괜찮다고 다독거려봐도 자존심이 상한다. 몇 번 거절을 당하면 도망가거나 포기하기도 한다. 사이가 안 좋아 얼굴도 보기 싫은 관계라면 나와 관계된 모든 것을 거부할 수 있다. '남편이 싫으면 시댁 식구가 다 보기 싫다'는 감정처럼 말이다.

대부분의 거절은 내가 아닌 '내가 꺼낸 이야기'나 '내가 한 제안'에 대한 거절이다. 오랫동안 인간관계가 쌓였다고 생각했는데 내 제안을 거부하면 기분이 좋지는 않다. 하지만 오래 알았다고 당연히 제안을 수락할 것이라는 생각은 착각이다. 하물며 관계가 깊지 않은 사이라면 거절은 더 담담히 받아들여야 한다.

낯선 사람에게 사업 제안 등을 받으면 일단 방어모드로 탐색하는 게 일반적이다. 제안자를 유심히 관찰하지만 짧은 시간에 상대를 깊이 파악하기란 쉽지 않다. 그래서 제안만 가지고 평가한다. 상대 인격은 거의 고려 대상이 아니다. 따라서 이런 거절은 순전히 제안에 대한 거절이므로 내가 상처받을 일은 아니다.

거절을 당하면 어떤 일이 벌어질까. 먼저 감정적으로 무안하고 당혹스럽다. 심하면 굴욕감을 느낀다. 얼굴이 벌게질 수 있고 식은땀이 날 수 있다. 머릿속이 하얗게 되어 멍해지기도 한다. 남 보기 부끄럽고 후회가 밀려온다. 시간을 되돌리고 싶을 수도 있다. 그 장소를 벗어나면 여러 생각이 몰려온다. 바둑 복기를 하듯 모든 과정을 돌아본다. '이렇게 했어야 하는데', '저렇게 시도를 했어야 하는데', '그 말은 하지 말았어야 하는데' 하며 여러 상황을 되돌리며 탄식한다.

시간이 지나도 거절 당시 받았던 감정적 충격은 오래 남는다. 잊어버리려 해도 쉽게 잊히지 않고 심하면 모욕감에 복수를 꿈꿀 수도 있다. 실제로 거절당한 뒤 증오심으로 복수한 경우도 많다. 긍정적으로는 노력해서 상대보다 더 크게 성공한 경우도 있고 부정적으로는 익명으로 비난하든가 직접적인 폭행을 가하는 경우도 있다.

단지 나의 말이나 행동에 대해 "노"라고 한 것일 뿐인데 왜 그토록 크게 반응하는 것일까? 사람은 본질적으로 자기애 성향이 강하기 때문이다. 모든 사람은 자기가 세상에서 제일 멋지고 우월하고 뛰어나다고 생각한다. 여기에 자신의 제안을 자신과 동일시하며 제안의 거부를 자신을 거부한 것으로 받아들인다.

사람마다 자신의 영역이 있다. '개인 영역(personal space)'이라고 하는데 상대와의 거리를 의미한다. 문화권마다 다르고 개인차가 크지만 한국 사람은 친하면 1미터 이내, 동료와는 3미터 정도, 공적인 관계에서는 3미터 이상 거리를 둔다고 한다. 그래서 친밀한 관계가 아닌 사람이 개인 영역 이내로 접근하면 뒤로 물러선다. 내 공간에 타인을 들이는 일을 꺼리는 것이다.

사람은 본질적으로 이기적이고 내 기준으로 세상을 판단한다. 누가 뭐라 해도 나만의 영역을 만들고 내 공간을 구축한다. 안에는 누구도 들이려 하지 않는다. 이때 세상과 나를 구별하는 영역의 핵심에 자존심이 있다. 나를 나라고 인식하는 핵심, 누가 뭐라고 해도 내 존재의 근거가 되는 영역이다.

자존심 영역의 크기가 작지만 단단한 사람이 있고 크지만 무른 사람이 있다. 단단한 사람은 상대적으로 비판과 수모에 잘 견딘다. 자존심 영역이 큰 사람은 겉보기에는 자존심이 세다고 하지만 실은 약하다. 영역이 넓기에 상처받을 일도 많고 물러서 생채기도 잘 생긴다. 자존심이 잘 다치고 깊이 상처받는다. 사는 데 피곤한 유형이다.

용의 비늘 중 턱밑에 거꾸로 솟은 비늘을 '역린(逆鱗)'이라고 한다. 이걸 건드리면 용의 분노가 걷잡을 수 없이 커진다. 주인마저 태워버린다. 사람마다 이 역린이 있다. 순한 사람도 어떤 특정한 말이나 행동에 이해하지 못할 정도로 격하게 반응한다. 그 반응 이유를 남도 모르고 자신도 모르는 경우가 많다. 몇 번 이런 일을 겪으면 자기나 주변 사람도 조심한다. 이는 모두 자기를 구성하는 자존심의 핵심 영역을 침해당해서 생긴 일이다.

거절은 누구도 쉽게 받아들이기 어렵다. 부탁이란 자기의 자존심을 꺾는 행위이다. 내 개인 영역에 상대방을 초대하는 행위다. 어렵게 내 영역으로 들어와달라 부탁했는데 거절을 당하면 자존심은 손상을 입게 마련이다. 그래서 부탁도 어렵고 거절도 어렵다.

부탁과 거절은 지극히 일방적인 관계다. 대부분 인간관계가 주고받음을 기초로 형성되는데 부탁과 거절은 일부 특수한 경우를 빼고는 약자와 강자의 관계가 형성된다. 부탁하는 사람은 한없이 낮아진다. 거절할 위치에 있는 사람은 한없이 높은 자리에 등극한다. 극히 비대칭적인 상황이다.

거절하면서 조금이라도 인격에 상처를 주는 말을 하면 그때는 돌이킬 수 없는 사태가 벌어진다. 경우에 따라서는 평생 원수가 될 수도 있다. 그래서 거절을 할 때는 조심스럽게, 상대가 상처받지 않게 해야 한다.

부탁하는 사람이 명심해야 할 점은 거절은 내가 한 제안에 대한 거절이지, '나'를 거부한 것은 아니라는 사실이다. 물론 가끔 거절을 하면서 나에 대해 면박을 주는 사람도 있지만 그런 경우도 거절의 강한 표현인 경우가 많다. 나중에 물어보면 자기가 한 말을 기억도 못하는 경우가 대부분이다.

살면서 거절은 안 당할 수 없다. 영업뿐 아니라 삶 자체가 부탁, 제안, 고백, 설득, 협상을 피할 수 없는데 모두 거절을 전제로 한다. 한두 번 거절을 받았다고 포기하면 삶 자체를 포기하는 것과 같다. 거절이 무서워 시도조차 하지 않는 사람은 삶 자체가 쪼그라든다. 갈수록 삶의 영역이 줄어들어 자기만의 공간에 갇히고 만다. 자꾸 밖으로 나가서 타인과 관계하고 삶의 영역을 넓혀야 인생이 풍요로워지고 성공의 기회 또한 늘어난다.

'용감한 사람이 미인을 차지한다'는 말이 있다. 거절이 두려워 고백을 포기하는 사람은 마음에 드는 이성을 만날 확률이 거의 없다. 거절해도 또 고백해야 이성이 마음을 연다. 한두 번 거절에 주저앉으면 만남이 이루어질 수 없다. 거절에 상처 입은 경험이 있다고 해서 다른 이성에게도 고백을 못하면 다른 기회마저 영영 사라지고 만다.

이성이 고백을 거절했을 때 충격이 크다. 하지만 생각해보자. 그 이성이 세상에서 오직 하나뿐인가와 상대가 거절한 대상이 '나'라는 존재의 전부인가를 말이다. 사랑을 고백하는 과정 중의 이성이라면 호감이 있지만 아직 내 인생을 좌우할 의미가 있을 정도는 아니다. 수없이 많은 이성 중 단지 한 명인 것이다. 한국의 5천만 인구로 단순히 계산해서 20대가 700만 명이고 그중 이성이 350만 명인데 거기서 하나일 뿐이다. 로또 일등 당첨 확률인 814만 5060분의 1보다 두 배 조금 넘는다. 세상의 모든 이성에게 거절당한 게 아니다. 단지 그중 하나가 나와 인연이 아닐 뿐이다. 또 이성이 나의 전부를 거절한 것일까. 나의 인생, 성격, 외모, 능력을 총체적으로 거절한 게 아니다. 단지 그 순간 나와의 관계를 거절했을 뿐이다. 시간이 지나고 상황이 달라지면 거절이 수락으로 바뀐 경우도 수없이 많다. 거절도 지나면 추억이 된다.

거절당하는 것이 생활인 직업도 있다. 영업직이나 판매직은 거절당하는 것의 생활화라고 할 만큼 거절에 익숙해야 하는 직업이다. 오죽하면 거절이 쌓인 만큼 성공한다는 말이 있을까.

나 역시 보험이나 대출을 권유하는 전화를 자주 받는다. 대부분은 전화를 받지 않지만 통화가 되어도 바쁘니까 다음에 통화하자고 한다. 명백한 거절이다. 그러면 알았다 하고 끊는다. 딱히 큰소리를 낼 필요도 없다. 단지 "관심 없습니다" 또는 "지금 바쁩니다"라고 한다. 상대는 나를 포기하고 다른 사람을 찾는다. 나는 전화한 상대가 누군지도 모르고 관심도 없다. 제안을 거절할 따름이다. 그러다 내가 필요하면 제안을 수락한다. 사람끼리의 통화이지만 감정이 전혀 섞이지 않는 기계적인 대화다.

거듭 강조하지만, 대부분의 거절은 그 순간이나 그 상황 또는 그 제안에 대한 거절이다. 결코 사람 자체에 대한 거절이 아니다. '나'를 싫어하는 경우에는 거절할 상황까지 가기 전 단계인 제안도 못한다. 거절이라는 것에 너무 민감하게 반응할 필요는 없다. 그냥 이렇게 생각해보자. 우산을 쓰지 않고 비를 맞았는데 씻거나 말리면 사라지는 흔적이라고……

7

자신감과 불안감은
양면의 거울이다

　나는 흔히 말하는 숫기 없는 아이였다. 초등학교 입학식 날, 선생님이 이름을 부르니까 대답을 못하고 두 번 부르니까 고개를 숙이고 세 번 부르니까 책상 밑으로 들어갔다고 한다. 남 앞에 나서기를 싫어했고 사람들 앞에서 발표하는 것을 제일 무서워했다. 앞장서서 주도적으로 일을 기획하고 오지랖을 떤 적도 없다. 장래 희망에서도 대통령이나 지도자보다는 참모가 되기를 원했다. 그만큼 사람들 앞에 서기를 극도로 싫어했다. 그래도 시킨 일은 꼼꼼히 잘했다.

　대학에 진학한 뒤 소극적인 성격을 바꾸려고 여기저기 기웃거리다 연극부에 들어갔다. 노래는 자신이 없고 몸치라 운동이나 춤 동아리는 처음부터 관심 밖이었다. 사람들 앞에 서는 일은 연극이 제일 만만했다. 목소리가 작지만 발성 연습으로 극복할 수 있다는 선배의 꾐에 끌렸다. 방학을 전부 바쳐서 연습하고 천 명 넘는 관객들 앞에서 크게 소리도 치고 웃고 날뛰어도 봤다.

학년이 올라 연출과 기획을 하면서 주도적으로 일을 만들고 처리하는 경험도 했다. 연극 연습은 보통 방학 때 두 달 정도 한다. 배우와 스태프 포함해서 수십 명이 작품 한 편을 올리려 일사불란하게 협조해야 한다. 그 과정에서 갈등도 많이 생긴다. 연출이나 기획은 배우나 스태프 간의 갈등을 조정하고 또 자기 작품을 끌고 가는 고집과 색깔도 있어야 한다. 연극을 공연하는 날은 긴장감과 불안감이 최대로 오른다. 내 작품을 남들이 어떻게 평가를 할까 안절부절못한다.

첫 연극을 무대에 올리는 날, 나는 객석에 앉아 관객들 반응만 살폈다. 축구는 경기 중 감독이 참여하지만 연극은 공연이 시작되면 연출이 끼어들 여지가 없다. 그동안 연습한 대로 흘러간다. 다행히 공연이 진행되면서 관객이 같이 호응하고 웃고 박수하고 안타까워하는 모습을 보면서 안도했다. 처음에는 힘내라고 박수 쳐주나 하는 생각이 들어 안심하지 못했지만 시간이 지날수록 무대와 공감하는 관객들을 보면서 지난 몇 달의 노력이 헛되지 않았다는 만족감이 올라왔다.

공연이 끝난 뒤에는 성취감과 허탈감이 동시에 온몸을 감쌌다. 해냈다는 자부심과 '이젠 뭐 하지?' 하는 허망함……. 그래도 연극 연출까지 했는데 앞으로 어떤 일이든 해낼 수 있겠다는 자신감이 들었다. 그때 나도 남 앞에서 나설 줄 알고 또 멋지게 일을 처리하는 능력이 있음을 알았다. 연극을 한 뒤 성격이 많이 바뀌었다. 적극적이고 긍정적으로 말이다. 책도 자기계발서 위주로 읽고 책 내용대로 생각하고 행동하려 애썼다.

유머를 연습하고 외우기도 했다. 남 앞에서 재미있다는 말을 듣고 일대일 대화에 자신감을 가지고 싶었기 때문이다. 그 덕분인지 대화가 지루하거나 말을 못한다는 이야기는 듣지 않는다. 책에서 배운 대로 대부분 듣기만 해도 말을 재밌게 한다는 평을 들었다. 들을수록 말을 잘한다는 평가라니 참 신선했다. 지금은 공개적인 자리에서 말하는 것 말고는 큰 어려움이 없다.

강연하는 일은 꼭 이루고 싶은 나의 오래된 꿈이다. 많은 청중 앞에서 내 경험과 지식을 나누고 같이 공감하고 한 명에게라도 도움이 되었다는 말을 듣고 싶다. 하지만 아직 사람들 앞에 서는 데는 자신이 없다. 심지어 짧은 발표라도 예정되어 있으면 며칠 전부터 불안해서 안절부절못할 정도다. 그래도 강연가가 되고 싶은 꿈은 계속 간직하고 있다.

성격은 타고난다고 하지만 후천적인 노력으로 얼마든지 바뀐다. 노력으로 자신의 성격을 바꾼 사례는 셀 수 없이 많다.

"절대로, 절대로, 절대로 포기하지 마라(Never, never, never give up)!"

이 짧은 말로 제2차 세계대전을 승리로 이끌고 신념의 상징이 된 처칠은 항상 자신감에 차 있었고 그렇게 국민들한테 믿음을 심어주었다. 하지만 그런 처칠도 지난날 미숙아로 태어난 약골에 나약하고 말을 더듬는 아이에 불과했다. 아홉 살 때부터 기숙학교에서 생활한 그는 학교생활의 태도와 성적도 썩 좋지 않았다.

아버지는 처칠에게 명문대 입학이 어렵고 당시 선호 직업인 변호

사, 목사는 되기 어려우니 군인이나 되라고 했다. 학교 생활기록부에는 품행이 나쁘고, 의욕과 야심이 없고, 자주 다투며, 지각하고 야무지지 못하다고 적힐 정도였다. 그는 말더듬과 혀 짧은 소리로 고통을 겪었고 무대 공포증도 있었다. 성적도 좋지 않았고 친구들과 자주 다투었다. 하지만 사관학교에 입학해서 매일 두 시간씩 노력하여 말더듬을 극복했다.

처칠은 삼수를 해서 사관학교에 합격했다. 과외도 받고, 특정 나라의 지도를 그리는 시험에 대비하여 뉴질랜드를 선택해 연습했는데 그대로 시험에 출제되는 행운도 있었다. 그는 영어와 역사에 강하고 어휘력도 대단했다. 이 모든 게 끊임없는 독서 덕분이었는데, 훗날 정치가, 문학가, 대중 웅변가로 활동하는 데 밑거름이 되었다.

사람들은 자신감에 넘치는 사람을 부러워한다. 자신감이 없어서 인생에서 손해를 보는 듯하니 자신감만 있으면 뭐든지 잘해낼 수 있을 거라고 생각한다. 하지만 불안한 사람은 성공하지 못할까? 자신감만이 성공의 필수 요소일까? 자신감은 타고나는 것일까? 의문이 든다.

불안감이 항상 나쁜 것만은 아니다. 적절한 불안감은 집중력을 높이고 미래를 준비하는 동력이 된다. 막연한 자신감만 가지고 대비하지 않은 사람과 불안감이 있어 미래를 준비하는 사람 중 막상 기회가 닥쳤을 때 누가 성공할지는 뻔하다. 불안감 때문에 안 되는 것이 아니라 불안감 덕분에 철저한 준비를 할 수 있는 것이다.

자신감과 불안감은 한배를 타고 있다. 아직 모든 게 서툴고 세상이 궁금한 어린 시절에 보호자는 세상의 전부다. 아기들은 보호자가 없으면 바로 불안해한다. 보호자가 사라지면 안절부절못하다가 다시 나타나면 그제야 안심한다. 보호자가 사라져도 다시 돌아온다는 확신이 들면서 아기들의 불안감은 사라진다. 보호자가 자신을 지켜준다는 믿음이 있으면 아기는 자신감을 가지고 세상을 탐색한다. 처음에는 잠깐 가까운 데를 갔다가 돌아오고 점차 탐색 범위를 넓혀간다. 마침내 보호자와 독립해 자기만의 세상을 만든다.

그 후로는 살면서 작은 도전을 반복하며 자신감을 키운다. 작은 승리의 습관이 큰 자신감을 가져온다. 그렇게 불안감을 자신감으로 바꾸는 것이다. 성장기의 보호자 부재는 불안의 근원이고 보호자의 존재는 자신감의 원천이다.

성인이 된 후는 더 이상 보호자가 존재하지 않는다. 이때는 자신을 믿거나 종교를 믿으며 불안을 극복하면 된다. 불안감을 극복하려 자신감을 단련한다. 자신을 믿지 못하는 성인은 불안하여 갖은 비법과 징크스를 만든다. 그러나 모두 자신감에 미치지 못한다. 자신감은 항상 내재된 도구인 데 반하여 비법과 주문은 즉흥적인 일회성의 것에 불과하다. 흔들면 떨어지는 나약한 부적인 것이다.

겉보기에 자신만만하다고 불안감이 전혀 없을 거라고 생각해서는 안 된다. 불안감을 의도적으로 억누르고 있거나 아니면 충분히 준비를 했기 때문에 덜 불안한 것이다. 안으로는 누구보다 불안해하고 있을지 모른다. 나는 불안해 죽을 지경인데 남이 나를 태평하다거나 침착하다고 평가할 수도 있다. 사람은 다 같다.

불안감과 자신감은 항상 같이 존재한다. 어느 순간 어떤 감정이 우선하느냐의 차이다. 마치 천칭처럼 한쪽이 올라가면 한쪽이 내려간다. 불안감 쪽에 무게를 두면 불안감이 우선하고, 자신감에 비중을 두면 자신감이 강화된다. 어떤 감정에 무게를 둘 것인지는 나의 몫이다.

8

감정에
정답은 없다

인생을 살면서 시험을 참 많이도 보았다. 초등학교 때부터 중간시험, 기말시험, 각종 모의고사, 고등학교 입시, 대학 입시, 그다음 대학때 퀴즈, 중간시험, 기말시험, 재시, 의사면허시험, 전문의시험, 그리고 운전면허 필기 및 실기시험과 개인적으로 치른 자격증시험 등등 몇백 번은 넘는다.

이 많은 시험에 공통점이 있다. 문제에 대한 정답이 있다는 점이다. 정답이 아니면 틀린 답이다. 수십 년을 그렇게 배우다 보니 모든 문제는 정답이 있고 그 외의 보기는 틀린 답이라는 고정관념이 생겼다. 객관식 문제는 당연히 정답이 있지만 주관식 문제는 하나뿐인 정답이 있기 어렵다. 그래도 어떻게든 정답을 찾으려고 노력했다.

이것만 옳다는 정답은 존재하지 않는다는 사실은 사회에서 배웠다. 객관식 시험의 보기 중 정답이 아닌 보기는 틀린 답이 아니라 다른 답이고 다른 문제에서는 정답이 되기도 한다는 걸 알았다.

이런 경우는 이렇게 반응하고 이렇게 행동하라는 모범 답안은 단지 권유 사항일 뿐이다. 상황에 따라 모두가 제각각이면 혼란이 오니까 최소한의 예시를 든 것이다. 그마저도 나라마다 시대마다 지역마다 가정마다 다 다르다.

사랑의 반대는 미움이 아니고 '안 사랑'이다. 안 사랑에는 미움도 있고 슬픔도 있고 어색함도 있고 미련도 있다. 마치 산꼭대기를 볼 때 동서남북에서 보는 산 모습이 다 다른 것처럼 세상은 보는 사람과 보는 시각과 상황에 따라 무한대에 가까운 답과 반증이 있다.

'소울푸드(Soul food)'는 미국 남부 흑인들의 전통 음식을 뜻한다. 우리나라에서는 향수를 불러일으키는 음식을 지칭할 때 많이 쓴다. 추억과 결합된 음식, 특정 시기에 많이 먹은 음식이 해당한다. 특히 성장기나 힘든 시기, 마음이 흔들릴 때 주로 접한 음식이 후보가 된다. 한국 사람의 소울푸드는 라면이 제일 많고 삼겹살, 김치찌개, 된장찌개가 뒤를 잇는다.

하지만 주변에 물어보면 소울푸드는 제각각이다. 자주 먹은 음식, 앞으로도 생각날 음식은 개인마다 다르다. 같은 김치찌개라고 해도 만드는 법이 다르고 맛도 제각각이다. 거기에 개인적인 경험과 감정이 겹치면 소울푸드는 이것이다, 하고 정의할 수가 없다. 누가 나의 소울푸드가 뭐냐고 물으면 쉽게 대답하기 어렵다. 답은 '그때그때 달라요'다.

눈에 보이는 시험이나 음식도 정답이 존재하지 않는데 눈에 보이지 않는 감정에 정답이란 있을 수 없다. 사실, 감정은 구분도 되지 않는다. 색깔도 빨강, 파랑, 노랑을 따로 놓으면 구분되지만 무지개처럼 연속적으로 놓으면 그 경계가 명확히 구분되지 않는 것처럼 말이다. 빨강과 주황 사이에 구별되지 않는 색이 무수히 존재하면서 빨강에서 주황으로 넘어간다.

감정도 사랑에서 바로 미움으로 건너뛰지 않는다. 미움도 아니고 사랑도 아닌 그 무엇이 있다가 미움과 사랑을 왔다 갔다 한다. 미움으로 기울어도 미움 100퍼센트가 아니다. 밉기는 한데 다른 여러 감정이 섞인다.

감정은 디지털시계처럼 한 시에서 두 시로 건너뛰지 않고, 시곗바늘처럼 연속적으로 움직인다. 정의하기도 힘들고 형태도 없다. 더 고약한 것은 내 감정이지만 내 마음대로 되지 않는다. 마치 외부에서 주입한 듯 문득 감정이 인지된다. 나는 단지 감정의 발견자일 뿐이다.

색깔에 이름을 붙이면 색깔을 정의할 수 있다. 파랑은 파란색의 이미지가 떠오른다. 빨강이 섞이면 보라색이고 하양이 섞이면 하늘색이다. 파랑이라는 이름을 말하지 않고 파랑을 설명하기는 무척 어렵다. 파란색 하면 하늘이 떠오르기는 하지만 하늘은 색이 다 다르다. 밤하늘은 까맣고, 비 오는 날은 잿빛이다. 해 질 녘에는 붉게 탄다. 파란색의 다른 대명사는 바다다. 하지만 밤바다는 까맣다. 일출 때는 이글이글 불타는 색이다. 폭풍이 칠 때는 색이 없다. 그래서 바다색, 꽃색, 나무색이라고 하지 않는다. 꽃에는 빨간색, 노란색, 파란색 등 온갖 색이 다 있어서, 꽃색이라 하지 않고 흔히 빨간 꽃, 노란 꽃, 파란 꽃 등으로 부른다.

감정에도 기쁨, 슬픔, 우울, 화, 불안 등등 갖가지 명칭이 있다. 화났다는 상태를 화라는 말을 쓰지 않고 전달하기는 힘들다. '화났다'는 말 한마디로 표현되는데 화를 빼고 표현하면 '나는 심장이 빨리 뛰고, 흥분이 되고, 어쩔 줄 모르고' 등 표현하기가 너무 어렵다. 나는 '불안하다'를 풀어서 표현한다면 '떨고 있고, 어쩔 줄 모르고, 자신감도 없고, 될까 말까 확신도 안 들고, 잠도 안 오고 그런 감정'이라고 아주 복잡한 묘사가 된다.

거꾸로 불안하다는 말은 이 모든 증상과 여러 감정이 모인 복합적인 상태다. 나는 심장이 뛸 때 불안하지만 다른 사람은 잠이 안 올 때, 누구는 식은땀이 나면 불안하다고 한다. 본질적으로 내가 쓰는 감정의 말과 상대가 받아들이는 감정의 개념이 서로 같을 수가 없다.

누구도 감정에 대해 배우지 않는다. 특히 감정의 표현에 대해서 배우지 않는다. 단지 과도한 감정 표현을 자제하라고만 배운다. 감정이 어떤 건지, 어떤 때 어떻게 표현해야 하고, 어떤 걸 감정이라고 하는지 배운 적이 없다. 감정은 본능적으로 나타나고, 훗날 '이런 걸 이런 감정이라고 하는구나' 하고 스스로 해석할 뿐이다.

감정을 답이 있는 시험이라고 생각한다면 우습다. 먼저 출제자도 감정에 대해 정의할 수 없다. 문제를 내는 사람이 문제에 대해 모른다. 답을 쓰는 사람도 답을 모른다. 어떤 때 어떤 감정이 옳고에서부터 어떤 걸 감정이라 하는지도 모른다. 채점하는 사람은 해답지가 없다. 그래도 채점을 한다. 우스꽝스러운 시험이다.

감정은 감정이 출제하고 감정이 답을 쓰고 감정이 채점을 한다. 무조건 옳은 답이다. 이성이 이건 아닌데 하더라도 이유가 있고 근거가 있다. 감정이 발현하다는 것은 지난 시간 언젠가 강렬한 기억을 남긴 경험이 숨어 있거나 선조 때부터 내려온 위험 신호가 감지된 탓이다. 미처 이성이 모르고 있지만 잠재의식 속에 숨어 있던 기억이 작동하는 것일 수도 있다.

감정은 온전히 개인의 경험이자 개인의 영역이다. 누가 관여할 수가 없다. 그래도 사람들은 감정도 모범 답안을 만들고 답안대로 반응하길 기대한다. 예절이나 규칙은 강요할 수 있지만 개인의 내부에서 일어나는 감정은 강요할 수 없다. 밖으로 나타날 때만 눈치챌 수 있는데 그마저도 훈련하면서 완벽하게 숨긴다.

사람이 감정을 느끼고 감정을 나타내는 데 남을 의식하는 것은 오래된 생존 본능이다. 내 감정을 들켜 불이익이 있을까 하는 두려움과 또 집단과 다른 감정에 의해 외톨이가 되지 않을까 하는 불안감에 감정을 남들과 맞추려 하는 것이다.

때때로 사회적인 감정 조절은 필요하다. 모두 울 때 혼자 웃고 모두 웃을 때 혼자 울면 이상한 사람으로 낙인찍히고 회피 대상이 될 것이다. 감정을 공유할 때 동료의식을 앞세우면 더 강하게 느낄 수 있다. 지나치게 남의 눈을 의식해서 자연스러운 감정까지 억누르려 하니까 문제가 생긴다. 물이 넘칠 때는 물꼬를 터줘야지, 억지로 막으면 언젠가는 둑이 터진다.

세상일에 정답이 없듯 감정에도 정답이 없다. 내가 슬프다고 남이 슬퍼야만 하는 것도 아니고 남이 기쁘다고 나 역시 기뻐야 하는 것은 아니다. 축하는 해줄 수 있지만 마음속 깊이까지 함께 기뻐해야 할 의무는 없다. 자기가 느낀 대로 기뻐하고 슬퍼하고 남에게 피해를 주지 않는 선에서 서로 감정을 존중하면 된다. 내가 느끼는 감정에 대해 의아해하거나 죄책감을 가질 이유가 없다. 어느 정도 순화할 필요는 있더라도 억지로 누를 필요는 없다. 눌러지지도 않는다. 남의 감정을 존중하고 나의 감정도 존중하는 게 정답이다.

Chapter 4

불안감을 열정으로 바꾸는
9가지 기술

1

불안,
정면으로 바라보기

중학생 때의 일이다. 그 시절, 중학생이 되면 머리칼을 빡빡 깎고 교복을 입어야 했다. 아침마다 교문에는 선도부가 서 있었다. 선도부는 교복을 잘 갖춰 입었는지, 자세가 불량한지를 검사했다. 그날도 평소처럼 등교하는데 가슴에 명찰이 없었다. 서둘러 나오느라 놓고 온 듯했다. 등교 시간이 다 되어 다시 집에 갔다 오자면 지각할 게 뻔했다. 학교 정문에 선도부 선배가 있었고, 다른 학생을 검사할 때 몰래 들어갈까 하다가 정면 돌파하기로 했다. 앞으로 가서 쭈뼛거리고 있으니까 선배가 왜 그러냐고 물었다. 명찰이 없다고 고개를 숙인 채 말했다. 그 선배는 잠깐 생각하더니 그냥 들어가라고 했다.

분명 적발 대상인데 그냥 보내줬다. 나는 1학년이었고 그 선배는 3학년이었을 것이다. 당시 나는 정문 앞에서 엄청나게 고민했고 결국 정직하게 행동하기로 마음먹었다. 그때 명찰에 대해 아무 말도 하지 않은 그 선배가 고맙고, 지금 생각해도 그의 행동은 참 멋있다.

그 시절에는 단체 기합이 있었다. 팔 들고 서는 벌도 있고 매를 맞기도 했다. 잘못한 일이 있거나 성적이 나쁘면 모두 벌을 받았다. 한 명씩 교탁 앞으로 와서 손바닥이나 엉덩이를 맞았다. 기다리는 그때가 정말 싫고 무서웠다.

매도 먼저 맞는 것이 낫다. 매 맞는 것은 순간이고 현실이다. 앞사람들이 매를 맞는 동안 더 무서운 생각이 든다. 그 시간 동안 상상으로 불안을 키운다. 매를 맞으면 막대기가 손바닥에 강하게 부딪치면서 일시적으로 날카로운 통증을 느낀다. 그리고 잠시 후 화끈거리는 둔통이 밀려온다. 그것뿐이다. 외상이 없는 한 그 순간만 지나면 아무 일이 없다.

그래서 먼저 매를 맞고 나면 아무렇지 않게 순서를 기다리는 친구를 보면서 웃을 수가 있다. 맞고 나면 아무 일도 아닌데, 불안해서 어쩔 줄 몰라 하는 친구를 보면 으쓱하기도 한다. 맞기 전에 오만상을 다 쓰던 아이들이 맞고 나면 '어라, 맞을 만하네' 하면서 바로 표정이 바뀌는 것이 재미있었다.

불안이 무서운 이유는 실체가 없기 때문이다. 실체가 있으면 공포심도 한정된다. 불안이 나무나 고양이처럼 형체가 뚜렷하고 크기가 정해져 있다면 불안에 사로잡히는 사람은 없을 것이다. 시야를 넘기는 거대함 앞에서 사람은 무력감을 느끼고 기가 죽는다. 끝을 알 수 없는 지평선과 수평선, 우주, 심해 앞에서 경외감이 들고 공포심이 들듯 불안도 형체가 없고 크기를 가늠할 수 없을 때 압도하듯 몰아닥

친다.

어릴 때는 무서운 것도 참 많았다. 벼락, 세찬 바람, 짙은 어둠…….
그중에 빠지지 않는 것은 뭐니 뭐니 해도 귀신이다. 달걀귀신, 화장
실 귀신, 처녀귀신, 총각귀신 등 종류도 참 많다. 시골에 살아서 밤에
화장실 가는 일은 정말 고역이었다. 화장실은 집 밖에 있고 불이라고
는 촛불보다 어두운 꼬마전구가 전부다. 재래식 화장실은 아래가 컴
컴하다. 꼭 뭐가 튀어나올 듯한 공포심이 절로 든다. 손이 불쑥 나와
"파란 휴지 줄까, 빨간 휴지 줄까?" 하고 물어볼 것도 같고, 머리칼 긴
귀신이 불쑥 올라올 것 같기도 했다.

불 없는 밤길은 낭만과 거리가 멀다. 으스스함 그 자체다. 인적이
없고 달빛만 차갑게 비추는 길은 귀신 나오기 딱 좋다 생각될 만큼
오싹하다. 바람에 흔들리는 나무는 손으로 보이고 천 쪼가리라도 날
릴라치면 처녀귀신이 날아다니는 것 같다. 그러다 들짐승이라도 만
나면 비명이 절로 나온다. 밤에 개나 고양이의 눈은 빛이 난다. 짐승
들은 단순히 밤에 잘 보려고 동공에서 빛을 반사할 뿐인데 그 눈빛을
어둠 속에서 마주하자면 어쩔 수 없이 등골에는 식은땀이 흐른다.

그때 본 귀신의 형체는 대부분 보잘것없는 것이었다. 비명을 질렀
던 처녀귀신은 천 쪼가리였고 뒤에서 허리를 잡던 손들은 나뭇가지
였다. 앞을 가로막던 도깨비는 전봇대나 기둥이었다. 무서워서 허겁
지겁 도망친 뒤 날 밝은 때 가보면 버린 인형이나 잡동사니 말고는
아무것도 없었다. 발로 툭툭 차도 아무 반응 없는 쓰레기들이었다.

밤을 밝히는 가로등이 일반화되고 도시에 살면서 귀신은 이제 옛
이야기가 된 듯하다. 혹시 귀신의 천적은 도시의 불빛이 아닐까? 내

아이들은 귀신을 잘 모른다. 모르니까 무섭다는 말도 안 한다. 나는 귀신 이야기에 오싹하고 이불을 머리까지 덮었는데 애들은 무슨 소리냐는 눈치다. 아이들에게는 귀신보다는 바퀴벌레나 좀비가 더 무서운 존재다.

어두움을 밝히는 데는 불이 필요하고, 귀신을 물리치는 데는 빛이 필요하다. 악몽을 꿀 때는 깨어나면 된다. 불안에 시달릴 때는 불안을 정면으로 응시하면 된다. 도망가려 하지 말고 마주보면 불안의 실체가 나타난다. 손끝이 아파서 손을 잘라야 하나 떨었던 불안의 실체는 손끝에 박힌 조그만 가시일 수도 있다. 명치 아래가 계속 쓰려 암일까 봐 걱정했는데 내시경을 하면 단순 위염이 대부분이다.

불안은 마치 석양에 진 그림자처럼 어마어마하게 크지만 다가가면 실체는 조그마한 경우가 많다. 갖가지 사건과 얽히고설킨 복잡한 감정이지만 불안의 핵이나 시초는 아주 사소한 경우가 대부분이다.

군대나 영화에서 군림하는 사람의 상징인 검은색 선글라스는 눈동자의 움직임을 감추고 실체를 숨기려는 목적으로 착용한다. 영화 〈맨 인 블랙〉에 두 명의 남자 주인공이 나온다. 영화 포스터를 보면 검은 양복에 검은색 선글라스를 끼고 꼿꼿이 서 있다. 마치 지구는 우리가 지킨다는 결의가 보인다. 여기서 선글라스를 벗는다고 생각해보자. 굳건함은 사라지고 동네 아저씨 둘이 과연 지구를 지킬 수 있을까 의구심이 들 것이다.

보이지 않으면 더 위협적이고 불안하다. 군대에서 가장 공을 들이는 부분이 정보다. 정보의 존재는 전쟁 승패와 나라의 흥망성쇠를 결정한다. 안다는 사실의 중요성은 아무리 강조해도 지나치지 않다. 우주에서 지구를 24시간 감시하는 첩보 위성이나 정보원들은 모두 정보를 얻기 위해 목숨을 걸며 엄청난 투자를 한다. 정보를 입수하면 대책을 세울 수 있고, 뭔가 안다는 것 자체만으로 불안이 상당히 줄어든다.

등을 진 상태에서는 불안감이 배가된다. 등 뒤에서 상대가 어떤 행동을 할지 모르기 때문이다. 그래서 낯선 사람끼리는 눈부터 응시한다. 동물들도 일단 눈싸움부터 한다. 쳐다보고 파악함으로써 상대의 위력을 감안한다. 싸울지 도망갈지 친구가 될지를 결정한다. 상대가 보이지 않는 상태에서는 판단이 어렵다. 벽 뒤나 수풀 속, 어둠 속에 있을 때는 상대의 실력을 가늠할 수가 없다. 그래서 모든 역량을 총

동원해서 경계태세로 돌입한다. 실체가 드러난 후 긴장을 풀고 경계를 적정 수준으로 전환한다.

불안도 마찬가지다. 알지 못할 때는 대비할 수가 없다. 불안이 주는 충격에 고스란히 노출된다. 혈압 상승, 긴장, 위축, 두려움, 공포까지⋯⋯. 몸은 일단 최악의 상태에 대비해서 준비한다. 도망을 가든지 목숨을 걸고 싸우든지 말이다. 이 과정에서 에너지 소비도 적지 않고 또 준비 과정에서 느끼는 긴장감이 또 다른 불안의 요소가 된다.

내 안의 불안이 두려운 이유는 실체를 몰라서다. 왜 불안한지 무엇이 불안감을 증폭시키는지 모른다. 막연함에 가려진 불안은 정체를 드러내지 않고 게릴라처럼 툭툭 튀어나온다. 불안감이 엄습할 때 눈을 질끈 감고 피하기 쉽다. 눈을 감고 싸우면 이미 승부는 결정 난다. 싸움의 기본은 눈을 크게 뜨는 것이다. 날아오는 주먹을 보고도 눈을 감지 말아야 한다.

대학생 시절에 검도를 배웠다. 대련 중 가장 많이 듣는 말이 절대 눈을 감지 말라는 것이었다. 눈앞으로 칼끝이 다가오면 누구나 자기도 모르게 눈을 감는다. 자동 반사다. 눈을 감는 순간 칼에 맞고 죽은 목숨이 된다. 수련을 거듭하면 칼끝을 끝까지 보고 대처한다. 칼끝을 봐야 피할지 쳐낼지 판단하고 반격할 수가 있다. 눈을 뜨고 있어야 살 수 있는 것이다.

불안이 불편하면 먼저 불안에 대해서 알아야 한다. 내 불안이 어디서 왔는지, 언제부터 시작되었는지, 어떤 때 더 심해지는지, 어떻게 사라지는지, 생활에 어떤 영향을 미치는지, 일단 실체를 알아야 대응하든 말든 할 수 있다.

불안이 무섭고 불편하다 하여 피하려고만 하면 불안은 평생 따라다닌다. 목마 탄 귀신처럼 착 붙어버린다. 그러니 용기를 내서 돌아보아야 한다. 기어코 귀신이 아니라 단지 천 조각이고 나뭇가지임을 확인해야 한다.

불을 켜고 정면으로 응시하면 사라지는 그림자처럼 불안도 스스로 움츠러든다. 잡아먹을 듯 덤벼들던 기세는 사라지고 순한 강아지처럼 꼬리를 내린다. 불안은 본질적으로 마음에서 발생한 감정이다. 내가 밥을 주고 목줄을 끌면 따라오는 강아지처럼 불안도 내가 키우는 내 감정 중 하나일 뿐이다.

2

내 안의 불안,
객관적으로 보기

불안을 마주 볼 준비가 되었다면, 그다음 문제는 '어떻게 볼 것인가?'이다. 사람은 보통 자기 문제나 가족 문제 앞에서 평정심을 잃는다. 병원에서 하는 우스갯소리 중 'VIP 신드롬'이라는 것이 있는데, 이는 특별히 신경을 써야 할 환자가 있으면 탈이 난다는 말이다.

물론 VIP나 일반 환자나 병원에서 하는 진료가 달라지지는 않는다. 인사를 한 번 더 할지 몰라도 의료 행위는 정해진 대로 한다. 치료 방법 및 써야 할 약은 다 같다. 수술대 위에서도 모두 똑같이 신경을 쓴다. 수술 등에 비친 환부를 보면 누구나 평등하다. 귀천이 없다. 환자를 치료하기 위해 최선의 노력을 할 뿐이지, 치료 과정에서 신경을 더 쓰고 덜 쓰지 않는다.

가장 어려운 환자는 가족이다. 학생 시절, 노련한 외과의사도 가족의 맹장염을 오진한다는 글을 읽은 기억이 있다. 냉정한 판단보다는 선입견을 가지고 기다려보라는 말을 하다가 복막염으로 진행하는 경우가 많다는 것이었다. 가족은 진찰도 어렵고 치료도 어렵다. 그래서 가족 수술은 통상 다른 집도의에게 맡긴다. 긴장하면 정상적인 판단이 어렵기 때문이다.

'중이 제 머리 못 깎는다'는 말이 있다. 자기 문제를 스스로 해결하고 객관적인 시각을 유지하기란 그만큼 힘들다는 뜻이다. 이런 맥락의 격언은 너무도 많다.

'팔도 안으로 굽는다.'

'남의 고뿔보다 내 손톱 밑 가시가 더 아픈 법이다.'

'너는 어찌하여 형제의 눈 속에 있는 티는 보면서, 네 눈 속에 있는 들보는 깨닫지 못하느냐?'는 성경 구절도 있다. 비슷한 의미의 격언이 많다는 것은 그만큼 사람이 자기 문제를 다룰 때 편견을 가지기 쉽다는 사실의 방증이다.

놀이공원에 가면 '거울의 방'이 있다. 사방팔방이 다 거울이다. 한 번 들어가면 출구 찾기가 힘들다. 뒤를 돌아봐도 내가 있고 위를 봐도 나만 보인다. 다른 사람을 보고 싶어도 위아래 나만 있다. 거울 방에서 나와야 한다. 나와야 다른 사람도 보이고 세상도 보인다. 문제를 안에서만 보면 문제가 한없이 커 보인다.

'도깨비를 만났을 때 절대 올려보지 말라'는 말이 있다. 올려보기 시작하면 한없이 커져서 그 크기에 압도당하기 때문이란다. 내려다보면 계속 작아져 발로 밟을 정도가 된다. 세상을 대하는 기준은 마음에 있다.

사람은 자기만의 시각으로 세상을 본다. 이를 인생관·가치관·주관이라고도 할 수 있고, 성격·습관이라고도 할 수 있다. 세상을 보는 시각에 따라 인생을 대하는 태도, 문제를 대하는 태도가 달라진다.

세계관에 대해 묵직한 충격을 준 영화 〈매트릭스〉. 주인공 네오를 만난 모피우스는 진실의 순간에 빨간 캡슐과 파란 캡슐을 놓고 하나를 선택하라 한다. 하나는 계속 기계의 보살핌 아래 가상의 세계에서 편안하게 살지만 평생 기계의 에너지원으로 소비되는 삶을 지속하는 약이다. 다른 하나는 진실을 알게 해주는 약이다.

진실을 알게 된 대가는 크다. 먹을 것, 잠자리까지 다 챙겨주는 안락한 가상의 삶에서 튕겨져 나온다. 스스로 움직여야 하고, 맛없는 음식을 먹어야 하고, 고통을 느끼면서 자유를 찾아 목숨 걸고 싸워야 하는 현실 세계로 돌아온다. 이 과정이 너무 힘들어 동료 중 하나는 배반을 하고 다시 기계의 에너지원이 되는 생활을 택한다. 음식의 맛도 어차피 뇌의 생화학적 반응이라고 하면서…….

가감 없는 진실은 때로 고통을 수반한다. 모르고 있을 때는 그럭저럭 뭔가 이상하다고 생각하면서 지낼 수 있지만 진실을 알면 결단해야 한다.

주관적으로 본다는 말은 내 마음대로 본다는 뜻이다. 인생을 바꿀 결정적 선택의 순간에는 내 주관이 중요하다. 예술에 종사하는 사람도 자기 주관을 유지하는 게 중요하다. 하지만 자신의 현재 위치를 알아야 할 시기나 지금 불편함을 느낄 때는 객관적인 시선이 필요하다. 기준을 외부에 두고 봐야 제대로 보인다.

운전할 때는 차 안에서 주관적 시선으로 방향을 가늠해서 운전해야 한다. 하지만 차가 어디만큼 가고 있는지, 어느 방향으로 가고 있는지, 어느 정도 속도로 달리는지를 알려면 객관적 시각이 필요하다. 위치와 상대적 속도를 계산해야 지금 어디를 얼마의 속도로 지나는지, 목적지까지는 얼마나 걸릴지 예상할 수 있다.

지금 삶에 만족하고 지금 상태에 불만이 없다면 그냥 살면 된다. 굳이 비교하고 바꾸고 고칠 필요가 없다. 하지만 문제점을 감지하고 변하길 원한다면 제일 먼저 어떤 상태인지, 어디가 문제인지를 알아야 한다. 비교할 기준이 있어야 파악도 가능하다. 그래야 길고 짧은가를 대볼 수 있다. 제삼자의 시선으로 봐야 제대로 보인다. 객관적 시각으로 냉정히 문제를 분석하고 속살을 들여다봐야 한다. 창피하고 쓰리더라도 상태를 정확히 알아야 올바른 대책을 세울 수 있다.

심한 외상을 치료하는 첫째 단계는 상처를 확인하는 일이다. 임시

로 덮은 천이나 이물을 제거하고 상처를 깨끗이 씻는다. 무척 쓰리고 아프다. 그 과정을 거친 뒤에야 비로소 본격적인 조치를 한다. 이물질이 있으면 꺼내고 죽은 조직은 제거한다. 심하게 벌어졌으면 봉합하고 필요시 항생제를 투여한다. 그리고 다시금 깨끗이 소독하고 나을 때까지 관리한다.

말하지 못할 고민으로 속이 답답하고 속병이 들 정도였는데, 누구에게든 털어놓으면 답답한 증상이 사라진 경험이 있을 것이다. "임금님 귀는 당나귀 귀"라고 갈대에게 털어놓은 복두장(왕관을 만드는 사람) 같은 증상이었다. 혼자만의 고민을 외부에 털어놓으면 그 자체로 치유효과가 있다. 밖으로 꺼내는 순간 더 이상 내 안에서 형체가 불분명한 고민이 아니다. 제삼자가 정의할 수 있는 실체를 지닌 문제로 바뀐다. 베일에 둘러싸인 미스터리도 알기 전에나 신비롭다. 칼은 칼집에서 꺼내기 전에 더 무서운 법이다. 밖으로 드러나면 미지의 후광이 사라지면서 힘을 잃는다.

우리는 자기 문제를 너무 과대평가하거나 과소평가하는 경향이 있다. 밖에서 보기에는 아무것도 아닌데 너무 심각하게 받아들이거나 반대로 대단히 심각한 상황인데 애써 무시하기도 한다.

지금 생각해도 어이없는, 아무에게도 말하지 못한 혼자만의 불안감이 있었다. 아내는 일찍 부모님을 여의었다. 어머니는 아내가 두 살 때 돌아가셔서 기억이 없고 할머니 슬하에서 자랐다고 했다. 부모님이 다 살아계신 나로서는 낯선 얘기였다. 그런데 나는 첫애를 낳고 두 돌 지날 때까지 괜히 마음을 졸였다. 그 뒤, 둘째, 셋째도 나 혼자 두 돌에 의미를 부여하고 두 번째 생일이 지난 뒤에야 안심이 되었다.

당연히 애들은 튼튼하게 잘 크고 아내도 건강하게 잘 살고 있다. 만약 남이 그런 고민을 한다면 한마디로 면박을 주었을 것이다. 걱정도 팔자라고, 쓸데없는 생각일랑 집어치우라고 했을 것이다. 하지만 내 문제가 되니 꽤 심각했다. 아이들 두 돌 생일이 다가오면 불안감이 증폭되다가 생일이 지나면 안도하는 경험을 세 번 반복했다.

항상 느끼는 것이지만 내 문제를 바라볼 때 편견을 버리고 보기란 극히 힘들다. 그렇지만 객관적으로 봐야 제대로 볼 수 있고 또 올바른 답을 찾을 수 있다. 한 발짝 떨어져 자기의 감정을 버리고 객관화하려는 노력이 필요하다. 물론 쉽지는 않다. 하지만 일부라도 문제를 알면 의미가 있다. 시작이 반이다. 시간과 의지를 가지고 한 걸음을 내디뎠다면 열 걸음, 백 걸음도 충분히 가능하다.

3

나의 불안,
내 안에서 답 찾아보기

'가화만사성(家和萬事成)'이나 '수신제가치국평천하(修身齊家治國平天下)'는 기본에 충실하고 할 수 있는 일부터 차근차근 하라는 뜻이다. 너무 밖의 일만 쳐다보지 말고 자신을 먼저 닦으라는 말이다. 자신을 먼저 돌아봐야 해결책이 나오는 경우가 많다.

객관식으로 출제된 시험을 볼 때 답만 보고 풀지는 않는다. 문제를 먼저 읽고 답을 보고 생각하는 과정을 거친다. 문제를 보여주지 않은 채 객관식 문제의 답 중 몇 개만 보여주고 '정답을 고르시오' 하면 항의가 빗발칠 것이다. 여기에 '문제까지 유추하시오' 하면 난리가 난다. 시험에서 정답을 알려면 먼저 문제를 봐야 하듯 인생 문제도 해결책을 알려면 우선 원인을 알아야 한다.

불안 때문에 삶이 지장받을 정도면 불안을 해결해야 한다. 단순히 불안 증상만 해결하려는 것은 문제를 보지 않고 답을 찾겠다는 것과 같다. 제대로 해결책을 찾고 싶다면 불안의 원인을 찾아보는 것이 지름길이다. 불안해서 못 살겠다고 피해만 다니기보다 일정 시간, 일정 노력을 투자해서 불안과 싸워보는 것도 나쁘지 않다. 원인이 나에게 있으면 해결책도 내가 제공할 수 있다. 불안과 그 원인에 집중하면 된다. 다행인 것은 대부분의 불안은 원인이 있고 또 원인을 알 수 있다. 알면 해결책이 나온다.

문제의 원인을 외부에서 찾고 핑계를 대는 것은 쉬운 선택이다. 위험이 닥치면 머리를 땅에 묻고 못 본 체한다는 타조 이야기처럼 애써 눈을 감는다고 문제가 사라지지는 않는다. 핑계를 외부에서 찾으면 편하다. 고민할 것 없이 저것 때문에 저 사람 때문에 문제가 생겼다고 돌리면 된다. 특히 문제가 내부에 있을 때 외부로 시선을 돌리는 일은 개인이나 집단이 자주 쓰는 방법이다. 외부의 적이 있으면 집단은 단결한다. 그래서 지도층에 흠결이 있으면 일부러 외부에 적을 만들기도 한다.

늑대가 나타났다고 소리 지르면 서로 싸우다가도 멈추고 일단 합세하여 늑대를 잡으러 가는 것이 인류의 오랜 관습이다. 하지만 문제를 외부에서만 찾기는 한계가 있다. 먼저 외부의 적은 확실하지가 않다. 지금 당장 늑대가 나타났다고 외친 후 사람들을 모았다 해도 어제 양을 물고 간 동물이 늑대인지는 확실하지 않다. 늑대를 잡는다 해도 그 늑대가 양을 물고 간 늑대인지 알 수 없다. 또 늑대를 잡으면 늑대가 겁을 먹고 다시는 양을 쳐다보지 않는다는 보장도 없다.

늑대를 잡느니 울타리를 튼튼히 치고 개를 기르는 게 바른 해결책

이다. 양을 노리는 동물은 늑대뿐만이 아니다. 호랑이도 있고 여우도 있고 독수리도 있고 심지어 사람도 있다. 외부의 적을 모두 막기 힘들고 또 배고픈 짐승의 본성을 바꿀 수도 없다. 외부에서 답을 찾는 것이 필요할 때도 있지만 내부에서 원인을 찾고 대책을 마련하는 것이 더 효과적이다.

환자를 진찰할 때 보통 외부에서 시작해서 내부로 들어간다. 먼저 표정과 외모, 피부색, 걸음걸이, 체형을 살핀다. 이를 '시진(視診)'이라고 하는데, 외부로 보이는 정보를 최대한 수집한 후 인터뷰를 한다. '어디가 어떻게 언제 아팠는가'부터 시작해서 '병원을 다닌 적은 있는가', '가족 중 아픈 사람은 있는가', '약 부작용은 있는가', '병이 더 심해지거나 좋아지는 때가 언제인가' 등을 묻는다. 진단 및 치료를 위한 제일 중요한 과정으로, 이를 '문진(問診)'이라고 한다.

문진 후에 어느 정도 윤곽이 잡힌다. 이어서 필요하면 손으로 만지는 '촉진(觸診)', 청진기로 듣는 '청진(聽診)', 간단한 이학적 검사를 한다. 여기까지는 외부를 보는 검사다. 질병에 따라 혈액검사나 X-ray, CT, MRI 등 정밀검사를 추가한다.

세균에 의한 감염, 외상 등 원인이 외부에 있는 경우는 원인을 교정해 치료한다. 외부의 원인보다 몸 내부 상태에 따라 발병이 좌우되는 질병도 많다. 병균이 몸에 침입해도 사람마다 반응이 다르다. 어떤 사람은 병에 걸리지만 반대로 아무렇지 않은 사람도 있다. 같은 사람도 건강할 때는 아무 영향이 없는데 스트레스가 심하거나 피곤이 겹쳤을 때는 병으로 진행하기도 한다. 요즈음 많이 발생하는 대상포진은, 건강한 사람은 피부에 빨간 물집이 몇 개 생기고 말지만 허약한 사람은 물집도 많이 생기고 통증도 심하다. 대상포진 후 신경통이라는 고통스러운 후유증도 문제다.

원시 시대에는 외부 원인에 의한 사망자가 더 많았다. 맹수에 물리거나 외상을 입거나 추위 등 자연재해나 전염병에 의해 일찍 사망했다. 현대에 들어 더 이상 맹수는 위협이 되지 않는다. 교통수단의 발달로 사고가 더 발생하지만 외상에 대응하는 방법도 과거에 비해 비교가 안 될 정도로 발전했다. 자연재해도 예보의 수단 발달로 피해를 줄이고 있다. 전염병도 환경 개선과 백신 발명으로 조절과 예방이 가능하다.

이제 현대인의 건강과 생명을 위협하는 질병 대부분은 몸 내부에서 발생한다. 외부세계의 위협은 소수이고, 내 몸이 고장 난 경우가 더 많다. 환자를 살리려면 내부를 손봐야 한다. 장기의 고장일 수도 있고 비만에 따른 당뇨, 고혈압 등 성인성 질환일 수도 있다.

문제를 밖에서만 찾지 말고 내 안에서도 찾아야 한다. 문제가 외부에 있으면 사실, 할 수 있는 게 별로 없다. 대비하거나 아니면 기다리는 수밖에 없다. 외부 요인에 수동적으로 끌려갈 뿐이다. 기껏해야 예측하고 준비하는 게 전부다. 거창하게 말하면 운명에 맡기는 것이다. 하지만 문제가 내부에 존재하면 할 수 있는 게 많다. 능동적으로 대항할 수도 있고, 미리 적극적으로 준비할 수도 있다. 아주 문제가 발생하지 않게 판을 바꿔버릴 수도 있다. 칼날이 아니라 칼자루를 쥐는 격이다.

불안에도 외부 요인이 있고 내부 요인이 있다. 대부분은 외부의 사건에 대한 내부의 반응에 의해 불안 정도가 결정된다. 외부 요인에는 대처 방법을 잘 고려해야 하고 또 대처가 틀렸으면 효과적인 방법을 강구해야 한다. 사회적 문제나 외부 요인에 의한 불안에 개인이 할 수 있는 대처는 매우 제한적이다. 예방하고 피하는 게 최선이다. 일단 발생한 다음에는 상황에 맞춰 적절히 대처하는 수밖에 없다. 외상후스트레스장애 같은 큰 사고 후유증은 전문가의 치료가 필요하다. 개인의 대처 수준을 넘는다.

내부 요인에 의한 소소한 불안은 내 노력으로 답을 찾을 수 있다. 모든 사건은 흔적을 남긴다고, 사건의 현장에 답이 있다. 불안의 원인을 알아야 해결을 한다. 지금의 불안도 원래부터 있었기보다는 삶의 어느 순간 외부 충격에 대한 반응이었을 것이다. 충격은 사라졌지만 기억이 몸에 남아 불안으로 자리 잡은 것이다. 불안할 때 불안을 억누르려고만 하지 말고 인정하자. 객관적인 관찰에 의한 생각을 존중해야 한다.

불안을 잘 관찰하면 원인과 이유가 있고 거기에 해결책이 있다. 원인이 아직도 있다면 해결해줘야 하고, 이유가 있다면 이유를 납득해야 한다. 나 스스로 해결하기 힘들면 망설이지 말고 전문가의 도움을 받아야 한다. 심리 상담도 좋고 정신건강의학과 전문의도 좋다. 불안도 병처럼 오래 놔두면 만성이 된다. 오래될수록 해결하기 힘들고 시간이 걸린다. 시간이 지나면 원인은 희미해지고 증상만 남는데, 그러면 자꾸 재발하기 쉽다. 불안을 느끼면 빨리 행동하는 것이 좋다.

문제가 내 안에 존재한다면 답도 내 안에 있다. 집 안에서 잃어버린 물건은 그 순간에는 못 찾아도 언젠가는 찾게 마련이다. 불안의 원인은 내 안에 숨어 있다. 당장 답을 찾기는 힘들어도 답은 어디로 도망가지 않는다. 시간을 두고 찾으면 발견할 수 있다. 먼저 내 안의 불안을 두려워하지 말고 정면으로 응시한 뒤 그놈이 어떻게 태어났는지 생각하자. 그리고 대책을 세우자.

4

남을 의식하는 습관에서
벗어나기

"거울아, 거울아! 세상에서 누가 제일 예쁘니?"

《백설공주》에서 왕비는 매일 묻는다. 거울은 세상에서 왕비가 제일 예쁘다고 대답하지만, 어느 날부터 더 이상 왕비가 아니라 백설공주가 더 예쁘다고 한다. 왕비는 백설공주에게 독이 든 사과를 먹인다. 이야기는 공식대로 왕자 등장 뒤 왕비는 벌을 받고 공주는 왕자와 결혼한다. 그렇게 피해자의 해피엔딩으로 끝난다.

여기서 왕비가 거울이라는 대상을 통해 남을 의식하고 다른 사람과 비교하는 습관이 이야기의 출발점이 된다. '세상에서', '누가', '제일'이라는 세 단어에 남을 의식하면서 비교하는 방식이 고스란히 들어 있다. 왕비는 거울에게 세상에서 제일 예쁘다는 말을 듣고 만족, 안정, 자존감을 느꼈다. 하지만 더 예쁜 사람이 있다는 말을 들으면서 밀려났다는 질투, 불안, 불만이 생겼다. 급기야 백설공주를 없애기로 마음먹고 행동하지만 결국 처벌받는 비극을 야기한다.

만약 왕비에게 말하는 거울이 없었거나, 거울 속 자신의 미모에 만족했다면 삶이 평탄했을 것이다. 남을 의식하지 않고 자신의 내면을 가꾸며 현실에 만족하면서 왕과 잘 지냈다면 백성도 왕실도 편안할 뿐더러 백설공주와 사이도 무난했을 것이다. 또한 백설공주는 다른 나라 왕자와의 결혼으로 타지로 떠날 가능성이 높았을 테니, 적어도 왕비의 나라에서만큼은 왕비와 미모를 겨룰 경쟁자가 나타나지 않았을 것이다. 결국 남을 의식하고 비교하는 왕비의 버릇이 모든 불행의 시작이었다.

남을 의식할 때의 긍정적인 면도 많다. 남을 의식함으로써 행동도 바르게 하고 인정받으려 노력도 한다. 잘 보이려고 노력하는 과정에서 개인적인 성장도 이루어진다. 사실, 사회는 근본적으로 남과 어울려 사는 공간이다. 남의 눈을 전혀 의식하지 않으면 상호 피해가 속출한다. 예절이나 도덕도 남을 의식해서 생겼다. 다른 사람에게 피해를 주지 않는 행동이나 마음가짐이 형식화한 것이다. 남을 의식하는 행위는 크게는 사회의 질서를 유지하고, 개인으로는 세상에서 내 위치를 알고 성장하게 한다. 일정 수준 타인을 의식하는 것은 권장할 일이다.

문제는 지나친 의식이다. 특히 자존감이 낮은 사람들, 세상의 기준을 나보다 남에게 두는 사람들에게 남을 의식하는 일은 고역이다. 남이라는 존재는 거의 상전이다. 사사건건 간섭을 하는 바람에 쉬운 일, 쉬운 날이 없다. 내 집에 돌아와 남의 시선을 벗은 뒤에야 한숨 돌린다. 만약 손님이라도 초대하면 휴식도 없다. 남을 의식하지 않고 행복하게 살던 사람들이 남을 의식하면서 불행하게 되는 경우도 많다.

유독 남의 시선에 민감한 사람도 있다. 하지만 확실한 사실은, 사람들은 타인에게 관심이 없다는 것이다. '보이지 않는 고릴라(Invisible gorilla)' 실험이 이를 잘 입증한다. 한 가지에 집중하면, 명백히 존재하는 다른 것을 보지 못한다.

1999년 미국의 심리학자 다니엘 사이먼스와 크리스토퍼 차브리스는 학생을 흰 셔츠팀과 검은 셔츠팀으로 나눠 이리저리 돌아다니며 농구공을 패스하게 한 뒤 이 장면을 찍어 동영상으로 만들었다. 실험 참가자에게 동영상을 보여주며 검은 셔츠팀은 무시하고 흰 셔츠팀이 패스한 수를 세게 했다. 실험이 끝난 뒤 이상한 장면을 보지 못했냐고 물었다. 영상에는 고릴라 옷을 입은 여학생이 가슴을 두드린 후 퇴장하는 모습이 있었다. 실험 참가자의 절반 정도는 패스 숫자를 세는 데 집중하느라 고릴라 옷을 입은 여학생을 보지 못했다.

사람은 보고 싶은 것만 보고 듣고 싶은 것만 듣는다. 목표에 충실하도록 돕는 유용한 정신 능력인데, 이는 진화의 결과다. 거리를 걸을 때 수많은 사람을 스치지만 그들은 거의 기억하지 못한다. 비슷한 옷을 입고 있거나, 아는 사람, 찾고 있는 목적지 등 말고는 통째로 생략되는 배경이다.

여자는 그래도 알아챈다고 하는데 남자는 남의 변화에 영 꽝이다. 결혼한 남자를 곤혹스럽게 하는 배우자의 질문으로 빠지지 않는 것은 "나 좀 달라진 것 없어?"이다. 시선을 즐기는 경우가 아니면 무난한 차림, 행실은 그 자체가 투명 망토가 된다.

학창 시절, 거리를 걷다가 문득 아래를 보니까 바지에 다른 색이 눈에 띄었다. 흰바지를 입었는데 속옷이 드러나 있었다. 단추가 열린 상태로 시내를 활보한 것이다. 단추를 채우고 혼자 어쩔 줄 몰라 했다. 그런데 수십 명 이상 지나쳤을 텐데 눈길을 준 사람은 없었다. 누구도 관심을 주지 않았고 알아챈 사람도 없었다. 나 혼자 창피해하며 북 치고 장구 친 것이다.

남의 시선이 의식되어 신경이 쓰인다면 오늘 가족의 옷차림, 행동, 말을 기억할 수 있는지 생각해보자. 동료나 친구의 옷차림, 화장, 헤어스타일을 기억할 수 있는가? 그럼 어제는, 한 달 전은? 거의 생각나지 않을 것이다. 혹 상대가 다른 사람들 앞에서 한 말이나 행동 또는 실수를 한 적이 있는지 생각해보자. 나와 관계가 없는 일이라면 아무 기억이 없을 것이다. 자기와 관계되지 않으면 대부분 관심도 없고 건성으로 지나치기 때문이다.

사람은 근본적으로 자기중심적이다. 나 말고 다른 사람에게 큰 관심이 없다. 응급실에서 항상 겪는 일 중 하나가 중상의 환자가 있든 말든 자기 아픈데 빨리 안 봐준다고 소리치는 사람과 싸우는 것이다.

언제부터 우리는 남의 눈을 의식하게 됐을까? 아이들은 남을 의식하지 않는다. 자기중심적이고 자기 위주로 놀고 행동한다. 남에게 보이려고 옷을 차려입지도 않고 남이 온다고 흙장난을 멈추지도 않는다.

성장하면서 남의 눈을 의식하라고 강요당한다. 즉, 남을 의식하는 일은 사회화되는 과정이다. 옷도 경우에 맞게 입어야 하고 공공장소에서 큰 소리 내지 않고 차를 탈 때 줄을 서야 한다. 빨간불에는 서야 하고 밥은 손으로 먹으면 안 된다. 이 과정에 지나친 간섭과 강요와 통제가 있으면 자존감이 떨어지고 기가 죽는다. 남과 어울려 사는 법을 배우는 것이 아니라 남을 모시고 사는 법을 배운다. 주눅이 들고 지나치게 눈치를 보는 사람으로 변한다.

남을 과하게 의식하는 사람들의 마음 깊은 곳에는 '상대가 나를 좋지 않게 보면 어쩌지?' 하는 불안감이 자리하고 있다. 자기 기준이 확고한 사람들은 남이 뭐라 해도 자기 길을 간다. 절대로 남의 평가에 휘둘리지 않는다. 뒤에서 좋지 않은 소리를 하고 평가가 박해도 흘려듣는다. 세상의 여론은 실체가 없는 공기 속 바람 같은 것임을 안다. 세상을 바라보는 기준이 자신이기에 남이 뭐라고 할까 하는 불안감이 없다.

남을 너무 의식하면 예의 바르다는 평을 듣고 남과 부딪힐 일이 없으니까 얼핏 보기에는 평안해 보인다. 그러나 속을 보면 주장할 때 주장하지 못하고 싸울 때 싸우지 못하는 불만이 쌓여 있다. 삶의 기준이 나에게 있지 않고 남에게 있으니까 항상 피곤하다. 나에게 쏟아야 할 에너지를 주변과 나누니까 자기 발전에 소홀하고 자기는 항상 뒷전이다.

남을 지나치게 의식하는 사람은 거절을 잘 못 한다. 착하다, 사람 좋다는 소리는 듣지만 부탁을 받아들이고 후회한다. 거절하지 못하는 이유는 상대의 반응이 어떨까 불안해서다. 거절하면 상대가 안 좋은 말을 할까, 또 나중에 나의 제안을 거절할까 봐 미리 불안해서 내치지 못한다. 그러면서 막상 자기는 남에게 부탁을 못 한다. 상대가 거절할까 봐 불안하고, 거절했을 때 받을 상처가 두렵다. 이래저래 밑지는 장사가 아닐 수 없다.

남의 일을 처리하느라 지치고 또 거절을 하지 않으니 남들도 편하게 이것저것 부탁한다. 호의가 계속되면 권리인줄 안다. 어느 날 진짜로 피곤하거나 바빠서 부탁을 거절하면 상대는 금방 "너 변했다"라고 한다. 그러면 상처를 받는다. 세상은 약자에게 강하고 강자에게 약한 법이다.

그렇다면 어떻게 해야 남을 지나치게 의식하는 습관에서 벗어날 수 있을까?

첫째, 세상을 보는 기준을 남이 아닌 나에게 두자. 이기적으로 살라는 말이 아니다. 남이 보는 시각에 맞추지 말고 내가 원하는 일, 내가 좋아하는 일, 내가 하고 싶은 일을 하고 살라는 말이다. '부모가 원하니까, 사람들이 원하니까'에서 벗어나 나 자신이 진정 원하는 것을 하자.

둘째, 너무 앞서서 생각하지 말자. 미리 예상하고 지레 짐작할 필요가 없다. 내가 거절하면 상대가 기분 나쁠 텐데, 기분 나쁘면 다음부터 나를 멀리할 텐데, 하면서 몇 수 앞을 미리 짐작하고 기가 눌린다. 바둑 혹은 장기를 둘 때나 몇 수 앞을 보는 것이지, 인간관계는 변수가 너무 많다. 계산한 대로 굴러가지도 않을뿐더러 반대의 결과가 나오는 일도 흔하다.

셋째, 시선을 지금 여기에 두자. 먼 미래의 일을 걱정하기보다 현재의 일에 충실히 집중하자. 사람이 인식할 수 있는 시간은 지금뿐이다. 결국 삶이란 지금을 사는 것이지, 지나간 과거나 오지 않은 앞날을 사는 것이 아니다.

넷째, 착한 사람 콤플렉스에서 벗어나자. 흔히 착하다는 말에는 상대방의 말을 잘 듣고, 나보다 상대를 더 배려하고, 양보하면서 손해를 본다는 뜻이 깔려 있다. 그런 착함이 아닌, 나도 챙기고 남도 챙기는 착함으로 바꿔야 한다. 남을 배려하면서도 나 역시 만족하면 착하다고 칭찬을 하자. 남의 기준에 의한 칭찬이 아닌 내 기준으로 칭찬을 하자.

남을 의식하는 일은 상식선의 예의 정도로 맞추면 된다. 남은 나에게 관심이 없다. 그저 자신의 삶을 살아내느라 바쁠 뿐이다. 그들은 내 삶의 무대에 스쳐가는 행인이다. 나도 그들 삶에 지나가는 사람이다. 의미 없는 남을 기쁘게 하려 에너지를 낭비하지 말고 나와 소중한 내 삶에 집중하자.

5

한 번에 한 가지씩
해내기

    처음 운전을 배울 때가 떠오른다. 실습 시간에 강사가 조수석에 앉아 하나하나 설명한다. 제일 먼저 브레이크를 밟고 안전띠를 매고 기어를 중립으로 하고 시동을 건다. 나는 수동변속기 차로 면허시험을 봤다. 기어를 1단으로 하고 브레이크를 떼면서 액셀러레이터를 밟고 기어를 2단으로 올린다. 운전을 하려면 이 순서를 꼭 기억해야 한다. 순서가 틀리면 시동이 안 걸리거나 주행 중 시동이 꺼진다. 나중에는 무의식적으로 운전 과정을 진행하지만 상당 기간 의식적으로 순서에 집중해 차를 조작했다.

    여러 일이 눈앞에 있으면 상당히 혼란스럽다. 더구나 처리할 시간이 정해져 있는 중요 일이라면 긴장 속에서 불안하기조차 하다. 처리는 해야 하는데 어디서부터 어떻게 손을 대야 할지 모른다. 큰 사건뿐 아니라 일상에서도 그런 상황은 자주 벌어진다.

빨래를 개본 사람은 안다. 양말을 갤 때는 몇십 켤레를 몽땅 걷어서 일일이 모양과 색깔, 크기를 맞춰야 한다. 눈앞에 널린 수십 짝의 양말을 보면 언제 다 갤 수 있을지 까마득하다. 그럴 때 가장 좋은 방법은 분류하는 것이 아니다. 일단 하나를 골라 짝을 맞춰 옆에 빼놓는다. 한 번에 하나씩 몇 번 하다 보면 남아 있는 양말 수가 급격히 줄어들면서 일이 끝난다. 생각보다 행동으로 '한 번에 하나씩' 하면 금방 마칠 수 있다.

많은 이가 한 번에 여러 일을 하는 멀티태스킹을 선호한다. '멀티태스킹'이란 원래 컴퓨터가 몇 가지 작업을 동시에 하는 것을 말하는 용어다. 책을 읽으며 TV를 본다든지 요리하면서 전화하는 것 등을 말한다. 여자는 남자보다 동시에 여러 일을 하는 데 유리하다고 알려져 있다.

하지만 미국 밴더빌트대학교의 폴 덕스 교수팀 연구에 따르면, 사람의 뇌는 멀티태스킹이 불가능하다고 한다. 연구진은 실험 참여자 7명에게 2주 동안 매일 보기 그림에 따라 정해진 손가락을 누르는 일과 소리를 듣고 음절을 고르는 일을 따로 또는 동시에 시키면서 뇌를 기능성 자기공명영상으로 촬영했다. 첫 번째 일은 시각과 운동신경을, 두 번째 일은 청각과 언어 능력을 쓰는 일이다.

참여자들은 처음에는 한 가지 일만 할 때보다 두 가지 일을 같이할 때 작업 속도가 크게 떨어졌다. 하지만 훈련이 계속되면서 두 가지 일을 동시에 하는 속도가 빨라졌다. 연구진은 '멀티태스킹은 연습하면 속도가 빨라진다'는 점을 확인했다. 그러나 뇌는 한 번에 한 가지 일을 하며, 훈련을 하면 한 가지 일을 집중적으로 단시간에 해치우고 그다음 일에 집중하는 능력이 좋아지는 것으로 결론 내렸다. 연구진은 "뇌가 두 가지 일을 동시에 처리하는 것은 불가능하며 훈련을 하면 한 직무를 처리하는 속도가 굉장히 빨라지고 바로 다른 일을 할 수 있기 때문에 두 가지 일을 동시에 하고 있다는 착각이 생길 뿐이다"라고 설명했다.

그럼에도 사람들은 멀티태스킹에 미련이 많다. 한 번에 여러 일을 하면 시간도 아끼고 생산성도 높아진다 믿는다. 실제로 자기는 한꺼번에 여러 일을 처리할 능력이 있다고 자신하는 사람도 많다. 하지만 미국 폭스 뉴스는 멀티태스킹을 하면 안 되는 이유 열 가지를 꼽았다.

① 일하는 속도가 느려진다.

② 실수하기 쉽다.

③ 스트레스를 높인다.

④ 일상의 현재에서 멀어진다. 휴대전화 통화를 하면서 걸으면 주변의 사물에 대해 거의 기억하지 못한다.

⑤ 기억력이 손상된다.

⑥ 인간관계를 망친다. 대화 중에 휴대전화 통화를 하는 것만으로 사이가 벌어진다.

⑦ 과식한다. 다른 데 신경을 쏟으면서 밥을 먹으면 포만감을 느끼는 데 방해가 되어 계속 먹는다.

⑧ 창의력을 꺾는다. 멀티태스킹은 작업 기억을 많이 쓰게 되어 두뇌에서 창의적인 사고를 할 수 있는 용량이 줄어든다.

⑨ 한 가지 일에 집중을 하지 못한다.

⑩ 위험할 수 있다. 운전 중에 문자메시지를 보내거나 통화하는 것은 위험하다. 핸즈프리 장치도 음주운전과 같다는 연구가 있다.

요컨대 멀티태스킹을 하면 인간관계도 손해이고 집중력도 떨어지니, 이득보다 손해가 많아 안 하는 게 낫다는 결론이다.

아무리 커다란 일도 유심히 보면 작은 일들의 집합이다. 하나씩 해결하면 거대한 문제도 해결할 수 있다. 집중해서 한 가지씩 처리할 때 생산성 또한 높아진다.

'바늘허리에 매어 못 쓴다'는 속담에서 보듯, 아무리 급해도 순서가 있다. 바느질도 순서에 맞게 차근차근 해야 한다. 바늘귀에 실을 꿰기 귀찮다고 바늘허리에 실을 매어 바느질을 하면 바느질하기도 힘들다. 바느질이 되더라도 바늘땀이 고르지 못하고 바늘구멍 자리에 표가 난다. 차라리 안 하느니만 못한 결과를 초래한다.

살다 보면 부딪히는 일이 많다. 하나를 해결하면 기다렸다는 듯이 다른 문제가 튀어나온다. 여러 문제가 동시에 터질 때도 있다. 상황에 따라 급한 일부터, 또는 쉬운 일부터, 혹은 중요한 일부터 하나씩 해결하다 보면 어느새 골치 아픈 문제들이 사라진다.

벽에 등을 대고 싸워야 하는 법이다. 한 사람이 여러 명과 불가피하게 싸울 때 가장 먼저 할 일은 벽을 등지는 일이다. 적이 아무리 많아도 정면, 좌우 삼면을 주시하면 된다. 눈에 보이니까 한 번에 하나씩 대응하면 다 막아낼 수 있다.

지금 산더미 같은 일 앞에서 처리 시간은 정해져 있고 당장 동원할 방법에는 한계가 있다면 해결책은 단 하나다. 한 번에 하나씩 해결해 나아가는 것이다. 그렇게 처리하다 보면 어느덧 상황이 깔끔하게 종료될 것이다. 거듭 강조한다. '한 번에 한 가지씩'은 인생에서 부딪히는 문제를 해결하는 아주 강력한 도구임을 잊지 말자.

6

원인보다
해법에 집중하기

의학 교과서에서 질병을 설명할 때 원인, 증상, 치료 순으로 기술한다. 원인 중 꼭 빠지지 않는 항목에 'unknown'이 있다. 원인 모름이라는 말이다. 'Fever of unknown origin'이라는 용어도 있다. '불명열'이라고 하는데, 약어로 'FUO'라고 쓴다. UFO가 아니다. 연구가 계속되고 원인이 밝혀지면 개정판에는 원인이 추가된다.

그래도 '원인 모름'은 남는다. 사람 몸에 대해 완벽히 알기란 불가능하다. 사실 의학이란 지금 과정 중 최선의 총합이지, 완료된 학문이 아니다. 사람과 의학이 존재하는 한 질병의 원인 중 하나에 모름은 계속 자리할 것이다.

치료에는 치료 방법이 확립되지 않을수록 항목이 많다. 역시 여기에도 'spontaneously subside'라는 말이 들어간다. 그냥 좋아졌다는 말이다. 그냥 좋아지는 경우가 있으니까 교과서에도 나온다. 의

사는 환자가 스스로 치료하는 과정을 돕는 사람이지, 신처럼 좌지우지하는 사람이 아니다. 사람의 잠재력과 의학의 겸손을 절실히 느끼는 부분이다.

악화와 호전을 반복하는 병이 상당히 많다. 'wax and wane'이라고 표현하는데, 아토피 같은 자가면역 질환, 근골격계 질환의 대부분, 우울증이나 불안감 등 신경증적인 증상 등이 여기에 해당한다. 그래서 중증환자가 아닌 경우 나을 때까지 치료하면 좋아진다는 말도 있다.

시간이 지나면서 스스로 몸이 회복하는 병도 많다. 흔히 '구안와사'라는 안면신경 마비는 아무 치료를 하지 않고 놔둬도 80퍼센트 정도는 회복이 된다. 15퍼센트는 불완전 회복, 나머지는 영구 장애가 생긴다. 의학이 밝혀낸 것이 질병의 통계뿐인가 하는 무력감도 있지만 그래도 사람들에게 확률적으로 대부분 회복된다 말할 정도의 자신감이 있다.

안면신경 마비가 왔을 때 침을 맞고 좋아진 사람이나 바람만 쐬고 좋아진 사람, 기도하고 좋아진 사람, 밥만 먹고도 좋아진 사람은 확률상 동일하다. 의학이 개입해도 증상이 좋아질 수 있는지는 논란이 있다. 괜히 큰돈 쓰지 말고 기다리는 것도 방법 중 하나다.

치료 방법 중에 빠지지 않고 등장하는 '대증(對症)요법'이라는 항목이 있다. 'symptomatic therapy'라고 하는데, 말 그대로 증상을 치료한다는 말이다. 엄밀히 말한다면 치료라기보다는 증상관리다.

감기는 병원을 다니면 일주일 만에 낫고 집에서 고춧가루 팍팍 친 콩나물국을 먹으면서 버티면 7일 만에 낫는다는 말이 있다. 일반적인 바이러스성 감염은 치료약이 없다. 그저 내 몸이 이겨내는 것이다. 그동안 바이러스와 전쟁을 하면서 열이 나고 콧물도 난다. 건강하면 고생을 덜하고 이긴다.

의학은 환자가 너무 고생할 때 개입한다. 콧물이 심하거나 기침이 심해 생활을 못할 정도이거나 몸살, 두통이 참을 수 없을 때 증상을 가라앉히는 주사나 약을 투여한다. 감기의 치료는 환자 스스로 해결한다. 의사는 지나치게 힘들 때 환자가 고통을 덜 받도록 증상을 덜어주는 도움을 줄 뿐이다.

일부는 감기에 의학이 개입하는 것을 비판하면서 자연 치유만이 옳다고 주장하지만 감기 증상이 있다고 다 감기는 아니다. 환자 스스로 치료할 수 없는 질병도 초기 증상이 감기와 비슷한 경우가 너무도 많다. 폐렴, 가와사키병, 대상포진 등이 그 대표적 예다. 이런 질병의 경우, 의학과 환자가 협조해서 병의 결과를 관찰하면서 치료하는 게 옳다. 몸이 아플 때 아픔을 참고 받아들이는 것도 개인의 선택이고 어차피 시간이 지나면 낫는 병이라도 그 기간 동안에 덜 고통을 받겠다면 환자의 선택을 존중해야 한다고 생각한다.

의학을 처음 접하면 감탄이 나온다. 학생 때는 질병에 대해 물으면 원인, 증상, 진단, 치료가 줄줄 튀어나온다. 자신만만하다. 모든 질병은 원인과 해법이 있고 시간만 있으면 정복 가능하다는 확신이 생긴다. 면역학을 배울 때는 몸의 방어 방법에 경탄하면서 병에 걸리는 사람이 이상하다는 생각이 들 정도다. 생리학을 배우면 몸의 작동 방법의 오묘함에 탄복한다. 질병에 대해 배우는 임상 과목을 접하면 고치지 못할 병이 없을 것만 같은 착각이 든다. 뇌, 간, 창자 등 몸속 여러 내부 장기와 정신의학 분야의 정신까지 공부하면서 사람에 대해 전문가가 되었다고 으쓱한다.

그러나 자신감은 잠시뿐이다. 실제 진료 현장에 나가 보면 '멘붕' 이른바 멘탈 붕괴가 온다. 사람은 절대 교과서대로 반응하지 않는다. 백이면 백 다 자기 증상과 고민으로 병원을 방문한다. 운전면허는 운전을 할 수 있는 자격만 주는 것이지, 도로상에서 마주치는 무한한 경우의 수에 대해 해결책을 같이 주지는 않는다. 의사면허는 환자를 진료할 자격만 주는 것이지, 환자의 병과 고민에 대한 정답을 자동으로 내려주는 요술램프가 아니다.

어마어마한 분량의 공부와 살인적인 암기는 막상 환자 앞에 서면 기억의 깊은 곳으로 숨어 흔적도 없이 사라진다. 물론 나중에 다 생

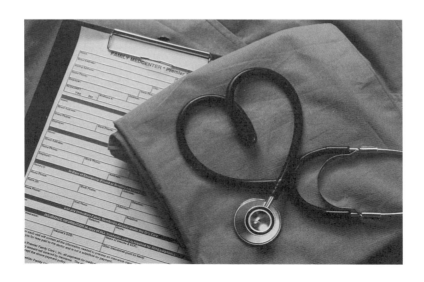

각나기는 한다. 자조적인 말로 그동안 외우고 공부한 것은 환자를 볼 때 책을 찾아보려는 준비 과정이었다고 말하기도 한다.

환자는 항상 원인이 무엇인지 궁금해한다. 대부분은 대답을 하지만 가끔 난처할 때가 있다. 눈에 띄는 원인이 없는 경우도 있고 예상되는 원인과 증상이 맞지 않은 경우도 많다. 여러 원인이 복합된 경우도 있고, 당장 찾지 못한 상태일 수도 있다. 물론 모든 증상에는 원인이 있겠지만 하나의 증상에 하나의 원인만 있기보다는 오랜 시간 갖가지 원인이 함께 영향을 미친 경우가 더 많다. 그런 경우, 원인으로 생각되는 요인 하나를 바로잡는다고 증상이 바로 사라지지 않는다. 다른 원인을 또 찾아야 한다.

다행스럽게 환자가 불편하다는 상태만 해결해주면 좋아지는 경우도 많다. 원인을 찾기도 전에 증상이 사라지는데, 이런 경우는 증상만 치료하는 대증요법이 더 효과적이다. 원인이 남아 있더라도 불편함이 해결되면 일상생활을 하는 데 지장이 없다. 대부분 사람은 여기에 만족한다.

사실, 생활에 딱히 지장이 없는데 일부러 시간과 돈을 들여 원인을 찾고 교정한다는 것이 어떤 의미가 있을까? 정상이라는 기준도 결국은 통계다. 많은 예를 모아 중간값에 가까운 상태를 정상이라고 한다. 누군가가 정한 기준이라는 뜻이다. 프로크루스테스의 침대처럼 억지로 잡아당기든가 남는다고 잘라 중간값에 맞추는 것은 해결책이 아니다.

원인을 반드시 찾아야 하는 경우도 많지만 원인을 찾기보다 증상만 해결해주면 되는 경우도 적지 않다. 비가 온다고 비 오는 원인을 찾는 사람은 없다. 비를 피하고 있다가 비가 멈추면 가던 길을 가면 된다. 몸뿐 아니라 마음도 비슷하다.

불안의 원인을 찾는 일은 의미가 있다. 어떤 경우는 원인을 찾아야만 해결이 되기도 한다. 불안의 해법이 있다면 해법에 집중하는 것도 고려해볼 만하지만 원인을 아는 것이 반드시 해법을 뜻하지는 않는다. 하나를 해결하면 새로운 문제에 직면할 수도 있다. 원인은 본질적으로 과거에 생긴 일이고, 과거의 사건인 그 원인을 바꾸는 건 불가능하다. 단지 현재 시각으로 과거의 매듭을 푼다는 뜻이다. 원인에 초점을 맞추는 것은 한편으로 보면 과거 지향이지만 해법을 강조하는 것은 미래 지향이다. 현재의 노력에 따라 미래는 바뀔 수 있다.

문제가 있기 때문에 원인을 찾고 해법을 바라기에 원인을 찾는다. 바둑을 두고 복기하는 이유는 같은 실수를 다시 하지 말자는 의미지, 그때 실수해서 안타깝다 하소연하려고 시간과 에너지를 들이는 게 아니다.

원인을 찾는 것만 목표로 삼고 지나치게 시간과 에너지를 들이는 게 옳을까? 길을 잘못 들었을 때는 출발점까지 되돌아갈 일이 아니라 지금 여기서 제대로 된 길을 찾아가는 방법도 선택이다. 길을 못 찾으면 새로 길을 만들 수도 있다. 무조건 출발선으로 돌아가서 다시 떠나는 게 답은 아니다. 누구와 사이가 안 좋을 때도 애초에 문제점이 무엇일까 찾아보는 일도 의미 있지만, 지나치게 원인 찾기에 몰입하기보다 지금부터 어떻게 하면 좋을까 고민하는 게 나을 수도 있다.

현재의 나나 내 성격의 문제점은 하늘에서 뚝 떨어진 게 아니고 지금껏 살아온 하루하루가 모여서 이루어진 것이다. 어떤 계기, 원인이 있어 현재에 영향을 주었겠지만 그걸 안다고 오늘의 나, 오늘의 문제가 바로 바뀌지는 않는다. 오늘부터 노력해야 미래가 바뀐다. 과거 사건도 더 과거에서 보면 미래였고 그 당시는 오늘이었다. 오늘 사건도 미래의 한 시점에서 보면 과거의 원인이 된다. 뒤를 보고 살지, 앞을 보고 살지는 자신의 선택에 달려 있다.

결과보다 과정에서
의미 찾아보기

오래전에 본, 시간을 앞으로 당기는 기계를 얻은 사람 이야기가 생각난다. 고등학생인 주인공은 성격이 급해 진득하게 기다리지 못하는 성격이다. 우연히 시간을 앞으로 당기는 기계를 얻는다. 시계 모양인데, 바늘을 돌리면 시간이 앞으로 간다.

학교를 얼른 졸업하려고 시간을 당겨 대학생이 되지만 좀 다니다 보니 지겨워 기계를 돌려 졸업하고 취업을 준비한다. 지루하니까 기계를 써서 직장에 다니고 마음에 드는 여자를 만났다. 연예 과정이 갑갑해 시간을 당긴다. 결혼생활을 하다 보니 아이가 있으면 좋겠다는 생각이 들어 바늘을 돌린다. 예쁜 딸이 태어났고 어떻게 클지 궁금해 시간을 당겼다. 아이는 어여쁜 아가씨가 되었고 딸의 앞날이 궁금해서 또 돌렸다. 딸은 결혼을 하고 손녀딸을 데려왔다. 주인공도 직장에서 성공을 하고 재산도 모았다. 이번에는 손녀딸의 미래가 궁금했다. 바늘을 돌리니까 손녀가 다 자랐다. 흐뭇했다.

그런데 정신 차려보니 병상에 누워 있는 거였다. 예쁜 부인은 어느새 할머니가 되었고 딸도 나이든 중년 부인이 되었다. 손녀딸은 아가씨가 되어 병상 옆에서 눈물을 흘리고 있었다. 악몽이었다. 분명 남이 보면 성공한 삶이다. 부러울 게 없는 삶, 재산도 있고 사회적인 명성도 얻었다. 가정은 행복하고 자손도 번성했다. 그런데 나는? 삶이 없다. 기억나는 삶이 전혀 없다. 내 삶에서 기억나는 거라고는 바늘 몇 번 돌린 일밖에 없는데 삶이 끝났다.

나도 비슷한 공상을 한 적이 있다. 어릴 때는 빨리 어른이 되고 싶었고 학생 때는 지겹게 시간이 가지 않는다고 느꼈다. 눈 깜박하면 어른이 되고 학교도 졸업하는 꿈을 꾸었다.

대부분 군대를 가면 시간이 가기만을 바란다. 연애와 결혼 과정이 힘들면 때려치우거나 결혼한 걸로 하자는 말도 한다. 애를 키우는 과정이 힘들면 누가 키워주고 다 크면 데려왔으면 좋겠다는 푸념도 한다. 직장인이라면 얼른 승진하고 싶고, 개인 사업자라면 빨리 성공하고 싶다.

하지만 삶에는 과정이 있다. 삶에서 이룬 목표도 가치가 있지만 목표를 향해 나아가는 과정도 중요하다. 극단적으로 오직 하나의 목표만 생각하며 모든 걸 포기하고 목표를 이룬 삶과, 목표 없이 평범하지만 그때그때 즉흥적으로 산 삶, 둘 중 누가 재미있고 행복하게 살았을까. 의견은 갈리겠지만 사는 재미는 후자가 더 있다고 생각한다.

인생과 가장 비슷한 운동을 꼽으라면 등산이 아닐까 한다. 산 밑에서는 평탄하게 걷다가 중턱부터 힘들게 오르고 가파른 길을 만나면 지쳐서 쉬기도 한다. 시원한 그늘과 계곡도 있고 중간에 목을 축일 옹달샘도 있다. 정상에 가까울수록 숨이 턱턱 막히지만 정상에 올랐을 때 기분은 날아갈 것 같다. 발밑에 세상을 두고 모든 것을 이룰 자신이 생긴다.

하지만 그것도 잠시, 이젠 내려가야 한다. 올라갈 때는 힘들지만 정상에 오른다는 희망을 품은 과정인데, 내려오는 과정은 집으로 가야 한다는 재촉이 앞선다. 해라도 지면 뛰다시피 내려온다. 그래서 다치는 경우도 하산할 때가 더 많다.

등산의 목적이 오직 정상을 정복하겠다는 마음이라면 산에서 내려와도 기억에 남는 것이 없다. 나무, 풀, 꽃 등이 어우러진 산의 풍경에는 전혀 눈길조차 주지 않은 채 꼭대기만 바라보고 꾸역꾸역 올랐다가 정상에서 잠시 땀을 식힌 뒤 또 뛰듯 내려와서 집으로 간다. 산은 그저 운동 도구이고 성취의 대상일 뿐이다.

대학생 때 설악산을 하루 만에 종주했다. 이유는 단순했다. 여비가 모자라 하루 더 묵을 수 없어서였다. 무리를 했다. 뛰다시피 산을 타고 대청봉을 찍고 반대편으로 달렸다. 막차를 놓치면 길에서 자야 한다는 생각 때문에 산을 돌아볼 여유도 없이 걷고 또 걸었다. 5월이라 산이 제일 예쁠 때 설악산을 다녀왔는데 산중턱에서 녹물에 라면 하나씩 끓여먹은 기억밖에 없다.

지금 들려주고 싶은 시가 있다. 시인 고은의 작품 '그 꽃'이다.

내려갈 때 보았네

올라갈 때 못 본

그 꽃

원했던 결과는 내지 못했지만 과정에서 더 큰 성공을 거둔 경우는 수없이 많다. 지구촌의 삶의 풍속을 바꾼 비아그라는 협심증 치료제로 개발되었지만 원래 목표에는 실패했다. 그러나 실험 과정 중 발기부전에 탁월한 효과가 있는 것이 발견되어 21세기 최대의 '히트약'으로 재탄생했다.

비슷한 예는 한두 개가 아니다. 미녹시딜이라는 약은 혈압약으로 개발되었으나 부작용으로 발모 작용이 있어 탈모제로 변신해 성공을 거두었다. 역시 탈모 치료제로 쓰는 프로페시아도 전립선 비대증 치료약으로 개발되었다가 변신한 경우다. 우울증에 처방되는 플록세틴이라는 약도 부작용으로 식욕 억제 작용이 있어 식욕 억제제로 사용하기도 한다.

제2차 세계대전 때 처칠의 목숨을 살리고 세균과 싸움에서 최초로 인류의 승리를 가져온 페니실린도 우연한 오염에서 발견한 약이다. 곰팡이가 오염된 배지에 세균이 자라지 못하는 것을 보고 연구를 거듭한 결과로 탄생했다. 사무실이나 학교에서 필수품이 된 포스트잇도 실수에서 탄생했다. 3M 회사에서 직원이 원료를 잘못 배합해 만든 풀이 접착력이 떨어져 폐기 처분할 운명이었다. 미련이 남은 직원은 예배 중 성경책에 읽은 부분을 표시하려고 그 풀을 색종이 조각에 발라 붙였다. 접착력이 약해 시간이 지나도 성경책에 달라붙지 않아 종이를 다른 곳에 옮겨 다시 사용할 수 있었다. 그렇게 포스트잇은 시장에 나왔다.

지금은 성공한 발명품도 과정만 보면 실패인 경우가 많다. 만약 결과만 생각하고 과정에 의미를 두지 않았다면 그런 제품은 다 폐기되고 말았을 것이다. 과정에서 의미를 찾는 일도 중요하다.

발명왕 토머스 에디슨은 백열전구를 발명할 때 1,200번이 넘는 실패를 거듭했다. 1879년 사람들에게 백열전구를 선보인 뒤 기자의 질문에 "나는 천이백 번 실패한 것이 아니다. 전구가 켜지지 않는 방법을 천이백 가지나 알아낸 것이다"라고 대답했다. 축전지를 발명할 때에도 실패를 25,000번 거듭했다고 한다.

살면서 오직 결과만 중요하게 생각한다면 삶은 무미건조해진다. 아무리 맛있는 음식을 먹어도 단지 영양 공급만 생각한다면 음식 맛을 느끼기 힘들다. 오래전 미래를 예측한 책에서 21세기가 되면 사람들은 더 이상 음식을 먹지 않고 필요한 영양소는 알약이나 튜브 형태로 섭취할 것이라는 글을 본 적이 있다. 마치 현재 우주인들의 음식처럼 말이다. 하지만 예측은 완전히 빗나갔다. 오히려 여유가 있는 계층을 중심으로 음식을 즐기는 문화가 더 발달하고 간편식은 바쁘거나 경제적으로 여유가 없는 사람들의 선택이 되었다.

우리 집 막내가 호기심으로 자기 전 재산을 털어 우주인 음식을 산 적이 있다. 가족 모두가 맛을 보았다. 동결 건조 아이스크림인데 딸기 맛, 바닐라 맛, 초콜릿 맛이었다. 두 번 먹고 싶지 않았다. 입 속에서 딸기 맛은 나고 영양분도 딸기를 먹을 때와 비슷하다고 하지만 음식이 아니라 딸기 냄새가 나는 종이를 씹는 느낌이었다.

　음식은 냄새, 식감, 맛 등과 분위기, 같이 먹는 사람, 조리하는 과정이 총체적으로 어울려야 행복한 식사 시간이 되는 것이다. 단지 영양분만 섭취하는 과정이 된다면 삶의 큰 즐거움이 사라지는 꼴이다.

　힘들게 번 돈은 허투루 쓰지 못한다. 부자가 삼대를 못 가는 이유가 자손 대에는 상속으로 쉽게 돈이 생겨서다. 힘들게 모으는 과정을 겪지 못해 쉽게 낭비한다. 꽃이 내게로 와서 의미가 되려면 투자를 해야 하고, 여우를 길들이려면 시간과 정성이 필요하다.

　'모로 가도 서울만 가면 된다'는 말이 있다. '흑묘백묘'도 비슷한 말이다. 과정이야 어떻든 결과가 중요하다는 말이다. '끝이 좋으면 다 좋다'는 말도 같은 뜻이다. 하지만 삶을 여행으로 본다면 출발은 탄생이고 종착은 죽음이다. 단지 목적지에 도착하는 것만 인생의 목적이라면 무조건 빨리 가면 된다. 같은 목적지를 두고, 비행기와 차와 지하철을 탈 때와 걸어서 갈 때 본 세상은 다 다르다.

　한 번뿐인 인생을 고속으로 컴컴한 지하로만 달릴 것인지, 풍경도 보고 사람도 만나면서 여유 있게 지상으로 갈 것인지, 결정은 자신의 몫이다.

8

생각보다
행동 먼저 해보기

'장고 끝에 악수 둔다'는 말처럼 고민을 거듭하다가 선택했는데 안 좋은 결과가 나오는 경우가 많다. 가끔은 너무 재지 말고 바로 행동하는 것이 정답일 때가 있다. 학생 때 시험을 앞두고 흔히 하는 말이, 모르면 처음 눈에 띈 답이 정답일 확률이 높다는 것이다. 지나고 나니 그 답이 맞는 경우가 많았다.

중요한 일일수록 경우의 수를 따지고 조건을 살펴야 하지만 사소한 일에 너무 고민하면 삶이 피곤해진다. 출근 시 어떤 옷을 입을까부터 점심으론 무얼 먹을까 등등 생각이 꼬리를 문다. 살을 빼야 하는데 기름지지 않나, 옷에 냄새가 배지는 않을까, 한 번 생각이 들면 걷잡을 수 없이 이어진다. 거기에 현대 사회는 선택할 것이 너무 많다. 무엇을 택해도 미련이 남는다.

결정 중 제일 잘못된 것은 아무 일도 하지 않기로 하는 거다. 옳지 못한 선택이라도 일단 행동하고 나면 나중에 고쳐갈 수 있지만 일절 움직이지 않으면 훗날 고칠 기회도 없다. 세상은 자꾸 변하고 기회는 움직인다. 내가 가만히 있다고 세상도 멈추는 것은 아니다. 나는 안전하다고 머물러 있지만 세상은 나아간다. 결과적으로 보면 나만 뒤처져 있다. 지나고 나면 그때 잡았어야 하는데 하고 땅을 치며 후회하는 경우도 생긴다.

흔히 인연과 버스는 다시 온다고 하는데 나중에 오는 버스가 지난 버스보다 좋은 버스라는 법이 없고 행선지가 같다는 법도 없다. 인연도 다시 오겠지만 같은 사람은 절대 오지 않는다. 다른 인연을 새로 만들 뿐이다. 놓친 고기가 커 보이고 놓친 인연과 기회는 두고두고 미련이 남는다.

안정을 지향하는 게 동물의 본능이다. 생각이 많고 고민이 많으면 자꾸 안 된다는 생각, 이대로 있자는 생각이 쌓일 수밖에 없다. 생각이 많은 사람들의 특징은 답답하다. 결정하는 데 시간이 오래 걸린다. 결단의 시간이 와도 뒤로 미루다가 기회를 놓치는 일이 태반이다. 그래도 안 좋은 결과가 발생했을 수도 있었는데 위험을 피했다고 생각한다. 사실은 더 큰 기회를 놓치고 놓친 기회가 훗날 위험으로 돌아올 수도 있는데 말이다.

기회의 신 카이로스는 다리에 날개가 있어 쏜살같이 다가왔다 지나간다. 앞머리가 무성하고 길어 사람들이 기회인 줄 알기 어렵고 뒤통수는 머리카락이 없어 지나가면 잡을 수 없다. 잠깐 머뭇하면 사라진다.

중국 고사에 무난하게 한 지역을 차지한 왕 이야기가 있다. 신하가 다른 나라끼리 전쟁을 할 때 뒤를 치고 땅을 넓히자고 했지만 자기는 이 땅에 만족하고 땅을 넓히고 싶은 마음이 없다고 거절했다. 현실에 안주하기로 결정한 것이다. 결과는 나중에 힘을 키운 다른 나라에 망하고 만다. 변할 때 같이 변하지 않으면 도태되고 멸망한다. 이는 역사의 법칙이고 사람의 숙명이다. 너무 오랫동안 경우를 수를 따지며 망설이기보다는 흐름에 과감히 몸을 맡기는 것이 생존 비법이고 발전의 동력이다.

현대그룹을 세워 한국 근대사에 큰 획을 그은 정주영 회장을 대표하는 말이 "해보기는 했어?"다. 참모들이 이런저런 이유를 들어 안된다고 할 때 한 말이다. 참 멋진 말이다. 안 되는 이유를 찾으면 수도 없이 찾을 수 있지만 되는 이유를 찾기는 어렵다. 그래도 성공하는 데는 이유가 있다. 그냥 하는 거다. 될 때까지 하는 거다.

바늘 하나로 코끼리를 잡는 방법이 두 가지 있다. 하나는 찌르고 죽을 때까지 기다리는 것이고 또 하나는 죽을 때까지 찌르는 것이다. 복잡하게 생각할 필요 없다.

생각만 하고 행동을 하지 않으면 좋은 점도 있긴 하다. 먼저 실패할 일이 없다. 즉, 실패에 따른 손해나 걱정이 없다. 행동에 앞선 준비를 하지 않으니 정신적·육체적 에너지를 동원하지 않아도 된다. 일단 몸이 편하다. 도전에 따른 결과에 대한 걱정, 불안이 없으니까 마음도 편하다.

흔한 말로 '내버려 둬, 이대로 살다 죽을래'가 된다. 세상에서 가장 강한 유혹의 말 중 하나인 '이대로가 좋다'에 빠진다. '만에 하나 행

동을 해서 잘못되면 주변 사람들이 어떻게 볼까?' 하는 걱정도 없고, '실패하면 경제적인 손해도 볼 텐데' 하는 걱정도 없다. 지금 무사히 보내기는 행동하지 않는 쪽이 제일 편하다.

하지만 쭉 이대로 살기는 힘들다. 경우가 다르지만 재산을 현금으로만 모은다고 가정해보자. 집에 금고나 항아리를 가져다 놓고 돈을 버는 대로 차곡차곡 쌓으면 흐뭇하다. 눈에 보이는 현금이 가득 차니까 기분이 좋다. 그렇지만 인플레이션을 피할 수 없다. 물가가 상승한다는 말인데 본질은 돈의 가치가 떨어지는 것이다. 한 해에 5퍼센트씩 물가가 상승하면 돈의 가치는 고스란히 그만큼 떨어진다. 올해 100만 원이 내년에 95만 원이 된다. 가만히 있었는데 그냥 5만 원이 사라진다. 복리를 가정하지 않아도 10년이면 재산이 반 토막 난다. 인생도 비슷하다. 나는 열심히 제자리를 지키고 있는데 남들이 튀어나가면 나는 뒤처진다.

성경의 게으른 종 이야기를 보자. 주인이 종 셋에게 10달란트, 5달란트, 2달란트를 맡겼다. 10달란트를 맡긴 종은 열심히 일해 10달란트를 벌어 칭찬을 받고, 5달란트를 맡은 종도 5달란트를 벌었다고 칭찬을 받는다. 그런데 2달란트를 맡은 종은 돈을 잃을까 봐 두려워 땅에 묻어둔 뒤 그대로 2달란트를 가져온다. 주인은 화를 내고 게으른 종에게 2달란트를 뺏고 지옥에 가라 저주한다. 잃을까 봐 두려워 가만히 있으면 가진 달란트도 뺏기고 경쟁에서 밀린다.

산다는 건 결정하고 행동하는 과정이고 끊임없는 판단과 고찰의 연속이다. 도식화하면 판단, 결정, 행동, 고찰 과정의 반복이다. 잘못된 판단이었고 예상치 못한 결과로 손해를 보더라도 다음에 실수를 교정하면 된다. 판단과 결정도 연습이다. 자꾸 시도해야 익숙해진다. 실패가 두려워 판단과 결정을 미룬다면 큰 기회가 오더라도 머뭇거리다 기회를 놓친다. 작은 도전에 너무 고민하지 말고 결정해보자. 잘되면 성취감과 자신감이 늘어난다. 이기는 경험도 쌓이면 습관이 된다.

생각을 많이 한다는 말은 행동하기 전 시나리오를 머릿속으로 많이 그린다는 뜻이다. 이렇게 하면 이렇게 대응하고, 이런 경우 이런 반응이 나올 것이고, 그렇게 상황을 예측하고 계획을 짠다는 의미다. 신중한 것은 좋지만 실생활에서 발생하는 변수를 모두 예측해서 예방하고 대처하기란 불가능하다. 미리 다 대처할 준비를 했다가는 배보다 배꼽이 더 크고 시작도 하기 전에 지친다. 일을 시작하고 중간

중간 교정해나가는 쪽이 훨씬 생산적이고 현실적이다.

여행을 할 때 딱 정해진 길로만 간다면 얼마나 지루할까. 하지만 중간에 부딪히는 예상치 못한 변수 때문에 여행은 흥미롭고 지루하지 않다. 물론 모든 일을 전부 준비도 없이 무작정 덤비라는 말은 아니다. 필수적인 준비는 한 상태에서 행동을 시작하고 그 뒤 발생하는 일에 대해서는 최선을 다해 처리하라는 뜻이다.

뛰면서 생각하라는 말이 있다. 모든 경우에 대한 생각을 다 한 뒤 행동하지 말고, 행동하면서 생각을 하고 고쳐 나아가면 된다. 지금껏 보면 생각만 한 사람이 세상을 바꾼 일도 없고 성공한 경우도 없다. 아무리 생각이 많고 좋아도 결과물은 행동으로 나타난다. 백 번의 생각보다 한 번의 행동이 좋은 결과를 보인다. 행동하면서 그전에 생각하지 못했던 아이디어가 떠오른다. 너무 고민하지 말자. 고민은 단순하게 끝낼수록 좋다.

9

나 자신을
믿어보기

'The Bug Stops Here'라는 말이 있다. 제2차 세계대전 때 원자폭탄을 쓸까 말까를 고민하던 트루먼 대통령의 책상 위에 적힌 말이라고 한다. 주사위가 내 앞에 멈추면 결정을 해야 한다. 원자탄의 가공할 위력에 숱한 희생자가 나오겠지만 전쟁을 끝내려면 누군가 책임지고 결단해야 한다.

세상을 살아가는 이는 나다. 내 행동에 대한 결정도 내가 하고 책임도 내가 진다. 주변의 말은 다 참고 사항일 뿐이다. 사람은 본능적으로 자신을 사랑한다. 주변에는 관심이 없다. 조언을 해도 건성으로 하고 대부분 자신이 한 말을 기억도 하지 못한다. 한정된 삶을 살면서 주변 사람을 지나치게 의식한다면 그것은 인생 낭비다. 예의나 삶의 기본적 도리를 무시하자는 말이 아니다. 그저 남을 의식해서 내 삶이나 행동에 제약을 받는 일을 경계하자는 말이다.

이솝 우화에 당나귀를 팔러 가는 아버지와 아들 이야기가 나온다. 아버지가 타고 가니 아이를 걷게 한다고 사람들이 소곤대서 아들을 태운다. 다른 사람이 아버지를 걷게 하는 불효자식이라고 하니 둘 다 탄다. 또 둘이 타니 당나귀가 불쌍하다고 한다. 결국 당나귀를 묶어서 매고 가다가 물에 빠뜨려 당나귀를 잃는다. 내 인생에 아무 관심도 없는 사람들의 지나가는 한마디에 민감하게 반응해서 결국 손해를 본 것이다.

'보이지 않는 고릴라 실험'에서도 나타나듯 사람은 자기에 관계된 것만 관심이 있다. 나도 남도 자기 일에 바쁘다. 내 일도 처리하기 벅찬데 남의 일에 개입할 여력이 없다. 아무리 SOS를 외쳐도 지원군은 없다. 나폴레옹은 지원군을 기다렸지만 몰려온 것은 적군이었다. "왔던 것은 프러시아군이다"라는 말을 남기고 워털루 전투에서 패한 그는 세인트헬레나섬에 유배된다.

'나 자신을 믿는다'는 말은 내가 내 인생의 주인이 된다는 뜻이다. 남의 말이나 남의 시선에 따르거나 맞추려 하지 않고 내가 진짜로 원하는 삶을 산다는 의미다. 남에게 잘 보이고자 싫어도 억지로 하기보다는, 나를 위해 능동적으로 처리하고 나에게 충실한 삶을 산다는 선언이다.

남의 시선이나 말에 의존하는 사람들은 자존감이 낮아질 수밖에 없다. 스스로의 판단이 아닌, 남을 먼저 의식하고 남에 맞추려는 삶을 살면 자아와 외부세계 사이에 충돌이 나게 된다. 항상 불안하다. '내가 원하는 삶은 이게 아닌데' 하는 불만과 불안이 자리 잡는다. 자존심은 자신을 존중하는 마음이다. 나를 자랑스럽게 생각하고 나를 인정하는 마음이다. 자신을 믿고 자신의 인생을 책임지는 마음이다.

　자존감은 인생의 추다. 흔들려도 중심을 잡는다. 불안해도 다시 오뚝 선다. 나를 믿지 못하면 세상의 자비에 나를 맡겨야 한다. 초식동물은 풀을 뜯으면서도 항상 귀를 쫑긋한다. 자존감이 낮고 자신감이 없으면 세상은 위험한 정글이다. 나에 대해 확신이 있어야 불안하지 않다. 자기 정체성, 즉 내가 나답게 되는 무게중심을 잡아야 한다.

　어린아이도 자기 의사를 무시하고 남이 시키면 투덜거린다. "내가 할게" 하고 자존심을 세우려 한다. 내 방, 내 것, 내 물건에 집착하면서 자기만의 영역을 지키려 한다. 청소년은 부모와 정신적으로 독립하는 사춘기가 있다. 부모에 대한 의존을 끊고 생각과 행동에서 독립된 개체로 성장하는 시기다. 성장 과정에서 아주 중요한 시기로, 괴테는 이를 '질풍노도의 시기'라 했다. 그만큼 정신적 독립과 자기 정체성 확립은 중요하다.

　내가 하고 싶은 일을 계획하고 스스로 해내는 성취감이야말로 기쁨의 원천이 된다. 그런 경험이 쌓여야 삶을 주체적으로 살고, 남의 눈보다 자신의 의식을 만족시키려 더 노력한다. 행복을 느끼려면 남보다 자아를 만족시켜야 한다. 자기만족이라는 말이 가끔 세상과 동떨어졌다고 생각을 하는 사람을 일컫기도 하지만, 남에게 피해를 주지 않는다는 전제로 삶의 행복은 자기만족에 달렸다.

　얼마 전부터 'DIY'가 유행의 한 축이 되었다. 'Do It Yourself'의 약자로, 완제품을 사지 않고 재료를 사서 스스로 만드는 행위다. 이미 만들어진 제품이 있는데 일부러 시간과 돈과 땀을 들여서 내가 쓸 물건은 내 손으로 만든다는 자기만족의 상징이다. 작은 장난감부터 가구, 맥주, 요리까지 생산에서 소외되었던 개인이 생산 과정에 직접 뛰어들어 만드는 과정에서 만족을 느끼는 분야가 갈수록 늘고 있다.

중요한 회의에 내가 빠졌는데 거기서 핵심 안건을 논의한다고 가정하자. 얼른 일을 처리하고 회의장으로 가야 한다. 길이 막히기라도 하면 안절부절못하고, 어떤 이야기가 나올까 봐 불안하고, 그렇게 모든 신경이 회의장으로 향한다. 나의 뜻과 다르게 회의 결과가 나왔다면 불만이 많을 것이고, 억지로 따르긴 해도 영 탐탁치가 않다. 삶에서 중요한 결정이나 행동에 내가 없다면, 내 의지가 없다면 비슷한 상황이 된다.

내 삶에서 내가 소외되면 삶 자체가 불안하고 불만투성이가 된다. 평소 자존심이 강한 사람이라도 어쩔 수 없이 삶에서 소외되는 경우가 있다. 그런 경우는 대부분 자기 삶을 찾기 위해 노력하고 제자리를 찾아간다. 만성적으로 삶에서 소외되는 경우도 있다. 성격 탓이거나 일의 특성일 수도 있다. 만일 성격 탓이라면 항상 불만과 불안을 지니고 풀이 죽은 채 살아간다. 일의 특성 때문에 자신의 의견을 낼 수 없는 상태라면 삶의 만족을 일과 후에 찾는다. 항상 직장에서 탈출을 꿈꾼다.

평소 자신감이 없거나 스스로 결정하는 훈련이 안 된 사람은 자신을 믿지 못하는 경향이 있다. 결정을 미루고 자꾸 조언만 구하거나 남의 의견에 지나치게 의존한다. 자신의 삶을 자기가 결정하려면 연습이 필요하다. 작은 행동, 작은 결정이 모여 큰 결정, 큰 판단이 된다.

처음부터 모든 일을 자신만만히 익숙하게 잘하는 사람은 없다. 누구나 시행착오를 겪으면서 배운다. '이렇게 하니 잘되더라', '이렇게 하니 안 되더라' 하는 식으로 하나하나 겪고 데이터를 쌓아가며 성장한다. 어려워도 작은 일 처리부터 자기를 믿어보자. 내가 필요한 물건을 사는 일부터 시작해서 인생의 큰 결정을 내릴 때까지 자신을 믿고 결정하자. 한 번이 힘들지, 자꾸 하다 보면 자신감은 물론 요령도 생긴다.

성공도 해본 사람이 한다. 남이 준 성공은 진정한 성공이 아니다. 언제든 남이 가져갈 감투에 불과하다. 내가 스스로 일군 성공만이 오롯이 나의 성공이다. 또 그 과정에서 얻은 경험은 다음 성공으로 이끄는 징검다리가 된다. 조수석에 평생을 앉아 있어도 운전을 할 수 없고 책을 평생 읽어도 작가가 아니듯 남이 이끄는 성공을 평생 하더라도 그건 내 것이 아니다. 작은 성공이라도 스스로 해나가는 것, 그것이 큰 성공을 가져오는 마중물이다.

불안해도 살아가야 하는 게 생명체의 숙명이다. 힘이 좋고 폭발력이 높은 연료는 불안정하다. 안정적인 원소인 돌, 철은 타지 않기에 연료로 쓸 수 없다. 태울 수 있는 나무, 석탄, 석유는 훨씬 불안정하지만 연료로 쓸 수 있다. 모든 게 안정된 사람은 쉽게 행동하지 않는다. 배부른 동물도 꿈쩍하지 않는다. 배가 고파야 사냥을 한다.

불안감은 행동하고 변화하게 만드는 에너지다. 불안감이 들면 행동하자. 자신감이 없고 부족하다 느끼더라도 자신을 믿어보자. 내 인생을 끝까지 같이할 사람은 나 자신뿐이다. 주변에서 아무리 충고를 하고 간섭을 해도 내 삶은 결국 내가 살아내야 한다. 당장 같이 책임을 질 듯 관여해도 결국 마지막 책임은 내 몫이다. 그들이 같이 삶의 무게를 나누고 싶어 해도 어느 선 이상은 불가능하다. 경제적 문제라면 부담을 같이할 수 있겠지만 인생이라는 무대에서는 누구도 내 인생을 대신 살아주지 못한다.

산다는 건 내가 내 인생을 운전하는 거다. 미루지 말고 나 자신을 믿으며 스스로 결정하자. 결과가 처음 계획한 것과 다르게 나왔더라도 너무 자책하지 말자. 기회는 계속 온다. 실패했다 생각하지 말고 경험했다 생각하자. 지금 힘들어도 나를 믿으면 나는 절대 배신하지 않는다.

Chapter 5

행복한 인생을 위한 감정 연습

1

행복한 인생을 위해서는
감정 연습이 필요하다

시 '남으로 창을 내겠소'에서 김상용 시인은 '왜 사냐고 물으면 그냥 웃는다'고 했다. '삶의 목적이 무엇인가?'에 대한 답은 모두 다르다. 예컨대 종교인은 천국에 가거나 종교를 널리 포교하는 일을 꼽을 것이고, 학자라면 학문의 진리를 찾는 일을 꼽을 것이다. 정치인은 정권을 잡는 것, 학생은 공부를 잘하는 것, 부모는 아이들을 잘 키우는 것이 삶의 목적이 될 터이다.

현재 위치나 꿈, 이념이나 이상에 따라 인생의 목적은 천차만별이다. 아주 사소한 목표부터 아주 원대한 꿈까지! 하지만 개인적으로 어떤 삶을 원하느냐고 물으면 답은 비슷하다. 불행하게 살고 싶다는 사람은 없다. 슬프고 외로운 삶은 원하지 않는다. 가난도 원하지 않는다. 부자로 살고 싶고, 성공하고 싶다 한다. 왜 부자가 되고 성공하고 싶으냐 물으면 대부분 행복하게 살고 싶어서라고 대답한다.

행복이란 무엇일까? 사전적 의미는 '복된 좋은 운수, 생활에서 충분한 만족과 기쁨을 느끼어 흐뭇함, 또는 그러한 상태'이다. 살면서 복도 받고 만족하고 기쁜 상태를 말한다. 그래서 모두 행복이 가득하고 행복을 빌고 행복과 건강을 기원하면서 행복이 늘 함께하기를 바란다.

인생의 궁극적 목표는 결국 행복이다. 행복하게 잘 살기 위해 공부하고 인내하고 노력한다. 결혼도 하고 회사도 다니고 종교 활동을 하고 취미생활에 빠지고 단체에 소속한다. 행복을 위해 돈을 벌고 인격 수양도 한다. 심지어 행복감을 느끼려 각종 중독에 빠진다. 좋은 의미의 중독도 있지만 술, 마약, 도박의 경우도 결국 행복감을 느끼려는 변칙적인 행위다.

어떨 때 행복할까? 음식이든 게임이든 처음이 제일 맛있고 재밌다. 두 번째 세 번째부터는 흥미가 급격히 떨어지고 같은 자극을 반복하면 금방 물린다. 이를 '한계효용의 법칙'이라고 한다. 순간적인 자극으로 얻는 만족감은 일시적일 수밖에 없다.

행복은 그보다는 오래가고 편안한 상태다. 강렬한 자극보다는 잔잔한 만족감에 더 가깝다. 외식의 강한 맛보다 집에서 매일 먹는 밥이 더 행복에 가깝다. 연인의 불꽃 튀기는 정열보다 엄마가 잠자는 아이를 보며 조용히 웃음 짓는 감정이 행복에 더 가깝다.

행복을 느끼는 외적 요소 중에 돈 역시 빠지지 않는다. 심지어 "돈이 행복의 전부다"라는 주장도 들린다. 오죽하면 "부자 되세요!", "대박 나세요!"가 일상의 인사가 됐을까. 자본주의 사회에서 돈은 행복을 추구하는 데 중요한 요소지만 절대적이지는 않다. 로또에 당첨된 사람들의 뒷이야기를 들어보면 당첨 직후는 행복감이 최고치가 된다. 그러나 시간이 흐르면서 급격히 감소하고 결국 당첨되기 전보다 더 안 좋은 상태에 이르는 경우도 많다.

돈도 천장 효과가 있다. 기본 생계를 꾸려나가는 데 돈의 위력은 절대적이다. 그 뒤로도 의식주가 안정되고 삶의 여유를 찾기까지는 돈의 힘에 의존할 수밖에 없다. 하지만 어느 정도부터 돈은 단지 숫자에 불과하다. 돈이 더 많다고 하루 세 끼 먹는 것을 다섯 끼, 열 끼로 늘릴 수 없다. 사는 집을 50평, 100평, 500평으로 늘려도 내가 거주할 공간은 일정하다. 돈이 아무리 많아도 하루를 24시간에서 48시간으로 늘릴 수 없다. 돈으로 건강을 살 수 없을뿐더러 정해진 목숨을 1초도 늘릴 수 없다. 돈은 사는 과정을 편하게 도와주는 도구이지, 자체가 목적이 되긴 어렵다.

돈을 부정하는 말은 절대 아니다. 나도 돈이 좋다. 가끔 로또도 산다. 통계를 보면 경제적으로 여유 있는 계층이 병에 덜 걸리고 건강하다. 여유가 있으니까 자기관리를 할 시간이 생기고 건강에 투자할 여력이 있다. 돈에 쪼들리지 않으면 돈으로 발생하는 여러 고민에서 벗어난다. 월말이면 쏟아지는 카드대금, 통신비, 전기료, 수도료를 메꾸려 골머리를 앓지 않아도 되고, 돈을 소비해야만 하는 일에 망설임이 적다. 배우는 데 더 투자할 수 있고 여행도 자주 다녀 견문을 넓힐 수 있다. 자기계발 기회도 많고 내가 해야 할 일을 아웃소싱해 시간을 여유롭게 쓸 수 있다.

돈이 많은 사람은 불행하고 가난한 사람들만 오순도순 행복하게 산다는 연속극에 속지 말자. 행복한 부자도 많고, 불행한 빈자도 많다. 돈에게 낙인을 찍을 필요는 없다. 돈은 감정도 없고 죄도 없다.

행복은 내적 경험이다. 외부 상황과는 독립적으로 경험하는 마음의 감정이다. 다른 사람이 보기에 세상 부러울 게 없어 보이는 사람이 자살할 정도로 불행한 경우도 많고 반대로 무엇 하나 행복할 것 없어 보이는데 항상 웃고 즐거운 사람도 있다.

이처럼 극단적으로 대비되는 일이 왜 생길까? 삶을 보는 기준을 어디 두느냐에 달린 것 아닐까? 밖만 보는 사람은 항상 외부와 비교를 하고 남의 눈을 의식한다. 아무리 내가 잘나고 돈을 많이 벌어도 세상에는 더 잘나고 더 큰 부자가 많다. 시시포스 신화처럼 굴리고 굴려도 절대 정상에 오를 수 없다.

물질로 빈 가슴을 메우려 쇼핑을 해도 만족은 잠깐이다. 새로운 제품이 하루가 멀다고 나온다. 손때가 묻기도 전에 중고품이 된다. 물건에 의미나 추억이 쌓이기 무섭게 새로운 제품으로 바꾼다. 익숙한 분위기에서 평안을 느끼는데 항상 새로운 물건에 둘러싸이면 안정감을 느끼기 힘들다.

사람을 만나도 외적 기준에 맞춰 만난다. 깊이가 있을 수 없다. 조건이 변하면 바로 멀어진다. 뒤처지지 않으려 경쟁하면서 발버둥치는 삶이고 세상에 붕 떠 있는 느낌이다.

반면 내부를 보는 사람은 다르다. 남을 의식하지 않는다. 비교 대상도 나뿐이다. 어제의 나, 내일의 나다. 기준이 내부에 있기 때문에 만족하기 쉽고 기대치도 내가 조절한다. 내가 잘나가면 기대치를 올리고 내가 힘들면 기대치를 낮춘다. 어제보다 오늘 나아지면 행복하고 내일 더 나아진다면 더 행복하다. 사소한 성과에도 감사한다.

조건이 비슷한 상태에서 행복한 사람과 불행한 사람의 차이는 '세상을 받아들이는가?'이다. 세상을 보는 인생관과 해석하는 방법, 해석을 받아들이는 감정의 차이다.

다행인 건 느끼는 감정도 연습으로 달라질 수 있다는 점이다. 감정을 나타내는 방식은 가치관이나 인생관에 따라 영향을 받는데 평생 바뀌지 않는 것이 아니다. 삶의 경험이 쌓이면서 조금씩 바뀌기도 하고 강렬한 충격에 의해 하루아침에 바뀌기도 한다. 의식적 노력으로 바뀔 수 있다. 행복해지려면 부정적인 생각보다는 긍정적이고 낙관적인 생각을 가져야 한다. 불평하는 버릇보다는 감사하는 마음으로 바꿔야 하고, 우울감에서 벗어나 활기차게 행동해야 한다.

감정은 한 방향으로 흐르는 습성이 있다. 부정적인 감정이 자리하면 계속 부정적인 생각만 올라온다. 생각도 한 방향으로 움직인다. 걱정을 하면 걱정이 연달아 떠오르고, 안 되겠다 생각하면 안 되는 정보를 닥치는 대로 긁어모은다. 최악의 상황을 가정하는 본능이 생존에 유리해 부정적으로 생각하는 힘이 더 크다.

부정적인 감정에서 벗어나려면 일부러 긍정적인 말을 하고 표정도 밝게 지어야 한다. 비관은 스스로 자라지만 긍정은 노력해서 키우는 것이다. 행복한 인생은 행복한 감정을 많이 느끼는 삶이다. 가만있으면 그 누구도 선사하지 않는다. 내가 찾고 내가 느끼며 연습해야 한다.

마음을 먹었다고 성격이 바로 바뀌지는 않는다. 음식을 바꾸고 운동을 한다 하여 하루아침에 몸이 바뀌지 않지만 꾸준히 노력하면 체형이 바뀐다. 매일 꾸준히 긍정적인 생각을 받아들이려 노력하면 필시 성격이 바뀐다. 천천히 그러나 꾸준히 연습하면 달라진 모습을 분명히 볼 수 있다.

2

때로는
덜어내는 게 답이다

떠도는 이야기 중 열대 지방에서 원숭이를 잡는 법이 있다. 상자나 항아리에 원숭이 손이 간신히 들어갈 만하게 구멍을 뚫은 뒤, 안에 쌀이나 견과류, 야자열매, 과일 등 원숭이가 좋아하는 먹을 것을 넣고 기다린다. 원숭이가 냄새를 맡고 상자 근처로 와 상자 속으로 손을 넣어 먹이를 움켜쥔다. 손이 들어갈 때는 잘 들어가지만 한 줌 움켜쥔 후에는 빠지지 않는다. 사람이 다가가도 손을 움켜쥔 상태면 손이 빠지지 않으니, 도망치지 못해 쉽게 잡힌다.

진짜로 이러한 사냥법이 있는지 확인은 못했지만 움켜쥐고 놓지 못하거나 비우지 못하면 목숨까지 위태로울 수 있는 건 맞다.

얼마 전 이사를 했다. 이사하기 전에는 몰랐는데 막상 새집으로 옮기고 보니까 짐이 굉장히 많았다. 한 해 두 해 사놓고 처박아둔 물건이 그토록 많은 줄 몰랐다. 아이들이 어릴 때 쓰던 장난감부터 교과서까지! 언젠가는 쓸모가 있겠지 하고 버리지 못한 물건, 심지어 까맣게 잊고 있던 물건도 많았다. 한 술 더 떠 언제 샀는지 도무지 기억이 나지 않는 것도 있었고, 어떻게 쓰는지 알지 못하는 물건도 있었다.

가구나 물건을 꼭 필요한 만큼만 산다고 생각했는데 이삿짐이 엄청났다. 결국 정리한다고 했는데도 새집에 가득 찼다. 참으로 대략난감이었다.

왜 이렇게 짐이 많을까? 물건을 제대로 버리지 못한 탓이다. 원래잘 버리지 못하는 성격이고 물건에 사연이 있으면 특히 간직하려고든다. 버리는 걸 싫어하고 또 버리면 화낸다. 오죽하면 결혼 전에는어머니가, 결혼 후에는 아내가 나 몰래 버리고 나서 한참 후에 이야기했을까. 정작 나는 뭘 버렸는지 알아채지 못한다. 심지어 그런 물건이 있었는지도 모른다. 참으로 비효율적인 습성 아닌가.

몸도 비우거나 덜어내지 못해 생기는 병이 많다. 각종 성인병의 발상지인 비만은 살을 덜어내지 못해 생기는 병이다. 칼로리를 소모하는 양보다 많이 섭취하면 남는 만큼 지방으로 변해 몸에 쌓이는데, 그 상태가 비만이다. 해결하는 방법은 간단하다. 지금보다 적게 먹거나 많이 움직이면 된다. 오늘 한 입 더 먹은 만큼이 내일 지방으로 돌아온다.

덕지덕지 군살이 붙으면 둔해질뿐더러 외모도 망가진다. 몸이 쓸수 있는 에너지는 한정되어 있는데 지방까지 먹여 살리느라 생존에쓸 에너지가 낭비된다. 늘어난 몸에 피를 보내야 하니까 심장이 일을 더 하고 이 과정에서 심혈관계 질환이 생긴다. 몸이 무거워 허리나 무릎에 무리가 가서 허리 통증 또는 무릎 통증이 발생한다. 10, 20킬로그램짜리 배낭을 등에 지고 다닌다고 생각해보라.

산소 소비량도 증가해서 몸을 움직일 때마다 숨이 가쁘다. 움직이기 힘드니까 안 움직이고 안 움직이니까 몸무게가 더 늘고, 악순환에 빠진다. 몸이 둔하니까 밖에 나가기를 꺼리고 사람들 만나는 걸 주저한다. 자신감도 떨어지고 의욕도 사라진다. 육체적인 문제와 정신적인 문제까지 겹친다.

비만, 고혈압, 당뇨병 등을 '대사증후군'이라고 한다. '한 입만 더'부터 시작된 칼로리 과잉 축적 문제다. 운동으로 꾸준히 칼로리를 소모하거나 몸에서 필요한 만큼만 섭취했으면 생기지 않을 병을 만드는 것이다.

집도 마찬가지다. 사는 집이 아무리 넓어도 물건이 쌓이기 시작하면 좁아지는 건 시간문제다. 구석구석 물건이 쌓이면 해충도 같이 따라온다. 숨을 곳이 많고 구석진 곳에 각종 쓰레기가 쌓이므로 먹을 것도 많다. 곰팡이도 슬금슬금 퍼진다. 해충이 서식하면 여러 질병이 발생할 기회가 커진다.

공간이 줄어들고 막상 필요한 가구나 물건을 들여놓기가 어렵다. 쓰지 않는 물건에 필요한 물건이 치인 경우다. 청소도 힘들고 또 너저분한 분위기에 익숙하면 청소의 필요성을 잊기 쉽다. 버릴 때 버려야 하는데, 버리지 못하면 물건은 쌓이고 공간은 줄고 환기도 안 된다.

강박-충동 장애 심리 전문가인 랜디 O. 프로스트와 게일 스테키티가 집필한 죽어도 못 버리는 사람의 심리학《잡동사니의 역습》에는 극단적인 사례가 많이 나온다. '죽어도 버릴 수 없어요'라는 말에서 볼 수 있듯이 물건을 모으기만 하고 버리지 못하는 저장강박증 환자들의 저장 현실과 심리가 잘 나타나 있다. 우리가 가진 물건이 우리를 소유할 때 어떤 일이 벌어지는지 흥미롭게 알려준다.

집에 발 디딜 틈도 없이 물건을 들여놓아 이혼한 사람, 고양이 200마리를 키우는 사람, 온갖 쓰레기를 집에 모아 집이 붕괴와 화재의 위험에 빠진 사람 등 미국의 사례가 등장한다. 우리나라에서도 가끔 TV에서 집에 쓰레기 더미를 모으는 사람 이야기를 볼 수 있다. 이런 사례는 극단적 경우이지만 누구에게나 물건에 대한 애착과 욕망은 있다. 단지 정도 차이일 뿐이다.

마음도 마찬가지다. 버리지 못한 기억이 쌓여 상처가 되고 버리지 못한 습관이 쌓여 인생을 망친다. 좋은 기억, 습관 이상으로 나쁜 기억, 감정, 습관이 더 쉽게 쌓이고 강하게 자리 잡는다. 부정적 기억이나 위험했던 경험에 민감한 건 진화 과정에서 약자의 위치에 있던 사람의 생존 본능이다. 그러니 의식적으로 좋은 기억을 채워야 한다.

감정의 찌꺼기를 제때 버리지 못하면 마음에 병이 생긴다. 집착, 아집, 강박증, 신경증은 마음을 적시에 비우지 못해 생기는 증상이다. 지난 일을 계속 생각하면서 미련을 가지거나 후회하는 건 부질없는 짓이다. 과거의 상처도 잊어버리는 게 좋다. 지나간 일은 지난 대로 잊어버려야 하는데 자꾸 그때를 생각하면서 잘못된 선택을 탓해

봤자 현실에서의 발목 잡기가 될 뿐이다.

중학생 때 억울하게 손바닥을 맞은 적이 있다. 수십 년이 지난 지금도 그때를 생각하면 분하다. 평소 존경하던 도덕 선생님 시간이었는데 갑자기 책상 검사를 했다. 그때는 나무책상이었다. 책상에 칼로 낙서가 되어 있으면 손바닥을 때렸다. 나중에 후배에게 물려주어야 할 공용 물품이고, 공부하는 책상에 칼로 생채기를 내는 행동은 학생의 자세가 안 되어 있는 거라고 했다.

옳은 말이다. 하지만 우리 반은 자리가 정해져 있지 않았다. 오는 대로 자리에 앉았다. 나는 책상에 칼을 대본 적이 한 번도 없는데 괜히 그날 자리를 잘못 앉아 손바닥을 맞았다. 그 선생님은 진즉 돌아가셨지만 지금이라도 만나면 여쭤보고 싶다. 왜 물어보지 않고 다짜고짜 혼내기부터 하셨냐고. 그래도 존경하는 선생님이라 분한 감정보다는 억울한 감정이 더 크다. 이처럼 감정의 앙금을 버리기란 정말어렵다.

몸도 집도 마음도 제때 비워야 건강하다. 몸이 제때 배설을 못하면괴롭다. 소변을 못 비우면 '요독증'이 되고 변을 못 누면 변비가 된다. 겪어본 사람은 그 고통을 안다. 배를 잡고 구를 정도다. 집도 덜어낼 건 덜어내야 환기도 되고 빛도 들어오고 쾌적한 보금자리가 된다. 마음도 비워야 한다. 원망도 버리고 아집도 버리고 미련도 버리고 욕심도 적절히 조절해야 한다. 비워야 평안하다.

다른 걸 담고 싶으면 먼저 비워야 한다. 불안한 마음에는 기쁨이나희망이 들어갈 자리가 없다. 불안은 정상 반응이고 잠깐이면 흔적도 없이 사라지게 마련이다. 마치 고요한 물에 돌을 던지면 물결이 퍼져 나간 뒤 다시 잔잔해지는 것처럼 몸과 마음에 불안 반응이 생겨도 시간이 지나면 제자리로 돌아온다. 불안한 감정도 실체가 잡히지 않는 마음의 상태이고, 몸의 불안 반응도 일시적인 현상일 뿐이다.

지금 불안해도 나의 본질이 불안으로 바뀌는 건 아니다. 한 시간 후에 기쁠 수도 있고 내일 슬플 수도 있고 자고 나니 덤덤해질 수도 있다. 내 몸은 여러 감정이 들락거리고 그 감정에 따른 반응을 담는 그릇이다. 지금 불안하다고 계속 불안하지 않고, 지금 우울하다고 계속 우울하지도 않다.

그릇에 음식을 바꿔 담는다고 그릇 자체가 바뀌지 않는다. 오늘은 물그릇으로, 내일은 밥그릇으로 쓰임이 바뀔지라도 그릇이라는 본질은 변화가 없다. 하지만 밥이 담겼다면 물을 담을 수 없다. 다른 걸 담고 싶으면 먼저 비워야 한다. 불안한 마음에는 기쁨이나 희망이 들어갈 자리가 없다. 먼저 불안을 버리든가, 아니면 억지로라도 다른 감정으로 채워야 한다. 다른 감정을 계속 집어넣으면 불안은 밀려나게 되어 있다.

3

멀리 보면
흔들리지 않는다

운전면허를 딴 지 얼마 지나지 않아 도로주행에 도전하고 싶었다. 연수를 받지 않고 용감하게 도전했다. '시험도 단번에 붙었는데 그까짓 도로운전이야 못 하겠어?' 하는 자신감이 있었다. 후배에게 운전 지도를 부탁했다. 조수석에서 잠깐 설명을 해주더니 혼자 해보라며 차에서 내려버렸다.

그 순간 겁이 나서 아무 생각이 안 났다. 계속 앞만 보고 달렸다. 운전을 처음 배우면 앞만 보고 직진만 한다. 10분쯤 운전한 뒤 도저히 감당이 안 되어 차를 세우고 내렸다. 거의 걷는 속도로 운전하는데도 내내 덜덜 떨렸다. 그 짧은 시간에도 바로 앞만 보다가 갑자기 전봇대가 튀어나와 급브레이크를 밟아 시동을 꺼뜨렸다. 멀리서 차가 오면 미리부터 세웠다. 차선이고 신호고 하나도 보이지 않는 '멘붕'의 순간들이었다.

운전을 배울 때 강사나 운전 선배들이 꼭 하는 말이 있다. 시속 10킬로미터로 달릴 때는 10미터 앞을 보고, 시속 50킬로미터로 달릴 때는 50미터, 시속 100킬로미터로 달릴 때는 100미터 앞을 봐야 차가 흔들리지 않는다! 초보 때는 얼른 와 닿지 않는데, 어느 정도 운전에 숙달되고 속도를 올리면 몸으로 느낄 수 있는 말이다.

특히 자동차 전용도로에서 고속으로 달릴 때 절실히 알게 된다. 시속 100킬로미터 이상의 속도로 달리는데 시선이 차 바로 앞이나 가까운 데 고정되어 있다가는 당장 사고로 연결된다. 최대한 멀리 보는 것이 안전하고 여유 있게 운전하는 방법이다. 고속으로 달릴수록 멀리 봐야 흔들리지 않고 달릴 수 있다.

인생도 바로 앞만 보고 달리면 금방 지친다. 지치는 정도가 아니라 위험하다. 장애물이 갑자기 튀어나오면 준비가 안 된 상태에서는 걸려 넘어지고 좌절한다. 열심히는 달렸는데 방향을 잘못 잡은 것일 수도 있다. 최선을 다해 노력을 하는데 결과가 보이지 않으면 덜컥 겁이 나면서 불안하다. 방향은 제대로 잡았는지, 방식은 적절한지, 기대가 클수록 그리고 투입한 노력이 많을수록 의심이 더 무럭무럭 자란다.

주변에 상의할 사람이 있으면 그나마 불안이 덜하지만 적절한 조언이 없거나 혼자 결정해야 한다면 불안감은 극대화된다. 인생은 누가 대신 살아주는 게 아니기에 내가 결정하고 내가 책임져야 한다. 나중에 남 탓, 세상 탓, 팔자 탓을 해봐야 들어줄 사람도 없고 인생이 바뀌지도 않는다.

지금은 상수도가 잘 정비되어 많이 볼 수 없지만, 예전에는 지하수를 이용할 때는 수동 물펌프로 물을 뿜어 올렸다. 마중물을 붓고 펌프질을 하면 물이 올라오는데 처음부터 쉽게 올라오지는 않는다. 어느 정도 빈 펌프질을 계속하다 보면 물이 올라오고 그때부터는 펌프질에 따라 물이 콸콸 쏟아진다.

명심할 점은, 물이 나올 때까지 펌프질을 해야지, 중간에 멈추면 그동안 들인 노력이 물거품이 된다는 것. 처음부터 다시 시작해야 한다. 최대한 고민을 하고 결정했다면 전진하는 것이 옳다.

결국 꾸준함이 승리의 열쇠다. 주변의 소리나 내 마음의 잡음은 무시하고 목표만 보고 가야 한다. 목표는 크게 잡아야 헤매지 않는다. 반면, 행동은 할 수 있는 범위보다 조금만 더 하면 된다. 목표는 크지만 행동을 잘게 세분하는 것이 오래 길게 가는 길이다.

말을 더듬어 남 앞에서 말하는 것이 콤플렉스인 사람이 있었다. 대중 앞에서 하는 모든 말은 "예" 혹은 "아니오"일 뿐이다. 어느 날 그에게 강연가라는 꿈이 생겼다. 정말 멋진 강연가가 되고 싶었다. 그는 말더듬을 교정하려고 하기보다는 강연을 잘하려고 했다. 눈앞의 단점인 말더듬에 매달렸다면 금방 지쳤을 것이다. 하지만 명강연가 되기를 목표로 꾸준히 연습하다 보니 자연스레 말더듬 증상이 사라졌다. 물론 강연도 멋지게 잘하게 되었다.

주변에서는 말도 제대로 못하면서 무슨 강연이냐고 타박했지만 아랑곳하지 않았다. 강연가를 꿈꾸며 묵묵히 연습을 반복했다. 만약 주변의 말을 심각하게 받아들여 단점인 말더듬에 초점을 맞췄다면 강연가도 못 되고 말더듬도 고치지 못했을 것이다. 크게 멀리 보니 흔들리지 않았고, 그 과정에 있던 단점도 다 해결이 되었다.

소리에 놀라지 않는 사자와 같이,
그물에 걸리지 않는 바람과 같이,
흙탕물에 더럽혀지지 않는 연꽃과 같이
코뿔소의 뿔처럼 혼자서 가라.

이는 불경 '숫타니파타 (Sutta_nipāta)' 중 한 부분이다. '무소의 뿔처럼 혼자서 가라'는 소설 제목이 될 정도로 유명한, 읽을수록 삶의 지표가 되는 말이다. 이 말은 아집으로 독불장군처럼 하고 싶은 대로 살라는 의미로 이해하기도 하는데, 세상의 잡음에 신경 쓰지 말고 묵묵히 자기 길을 가라는 말이다. 석가모니의 말씀이라 받아들이는 사람이나 상황에 따라 해석은 다양할 것이다. 개인적으로 나는 '내 마음에서 불안과 회의가 들고 환경이 받쳐주지 않아도 우직하게 나아가라'는 뜻으로 해석한다.

아무리 높은 산도 한 걸음씩 걷다 보면 어느새 정상에 도달한다. 딱 한 걸음만 더, 포기하지 않으면 반드시 정상에 오른다. 정상에 오르는 확실한 방법은 이미 알고 있듯 걷고 또 걷는 것이다. 지치면 고개 들어 정상 한 번 보고 가끔 길을 제대로 들었는가 확인하면서 올라가면 된다. 언제까지 걸어야 할지 의심이 생기고 숨이 턱턱 막힐 것이지만 산 정상은 움직이지 않는다. 가끔 울창한 나무에 가려 눈앞에서 사라지더라도 산 정상은 거기에 있다. 오르다 보면 정상이 보이기도 하고 또 오르다 보면 안 보이기도 한다. 그래도 정상 한 번 보고 발밑을 보면서 묵묵히 걷다 보면 반드시 도착한다.

어린아이들에게 마시멜로를 눈앞에 놓고 당장 먹으면 한 개를 먹을 수 있고 20분을 참으면 두 개를 먹을 수 있다고 한 뒤 행동을 관찰한 '마시멜로 실험'이 있다. 훗날 추적조사를 하니 두 개를 먹으려고 참았던 아이들이 학교 성적도 우수하고 문제를 일으킬 확률도 적었다. 그뿐만 아니라 어른이 되어서도 알코올중독이나 약물중독 비율이 훨씬 낮다는 결과가 나왔다.

참을성이 성공의 비결이라는 해석도 있고, 아이들이 20분을 버티는 전략에 초점을 맞춘 해석도 있다. 참은 아이들은 손으로 눈을 가리고 마시멜로가 없다고 상상하거나, 마시멜로를 흰 생쥐라 생각하는 등 다들 상상을 통한 인지전략을 세워 20분을 버텨냈다.

해석은 다르더라도 마시멜로 실험의 교훈은 명확하다. 더 나은 결과를 얻으려면 지금의 유혹을 참아야 한다는 것이다. 참을성이든 상상을 통해서든 앞을 봐야 하고 당장의 결과나 유혹, 비판에 흔들리지 말라는 뜻이다.

지금 힘들면 멀리 봐라. 목표가 눈으로 보이는 대상이라면 명확히 쳐다보고 눈에 보이지 않는 영역이라면 상상력을 최대한 발휘하라. 상상하고 글로 써라. 목표를 이룬 뒤 변화된 나의 모습이나 주변의 평가, 목표를 이룬 뒤 쾌감을 쓰고 상상하라. 글, 생각으로 구체적인 모습을 그려라. 여기를 지나면 저기가 있고 오늘이 지나면 내일이 있다.

'꿈은 높은데 현실은 시궁창'이라는 노랫말이 있다. 꿈을 못 따라가는 현실에 우리는 좌절하고 절망을 겪는다. 그럼에도 불구하고 꿈은 높아야 한다. 동시에 현실적이야 한다. 만족은 꿈과 현실의 간격, 이상과 현실의 차이에 달렸다. 차이가 클수록 불만이 크고 불안이 크다. 차이가 작으면 만족감이 크다. 하지만 능력에 비해 꿈이 너무 작으면 인생 낭비다. 삶의 영역과 경험이 늘어날수록 작은 꿈은 새장이 된다. 삶의 과정에 맞게 꿈도 재설정해야 한다.

인생은 생각보다 길다. 지나고 나면 "그때는 힘들었지" 하고 웃으며 회상할 일이 꽤 많이 생긴다. 죽도록 힘든 시기도 지나면 추억이 된다. 흔들리지 않고 피는 꽃 없고, 안 아프고 크는 사람 없다. 여럿이 함께 고민하고 함께 아파해도 내 인생은 결국 내 몫이다. 포기도 내 몫이고 견디는 것도 내 몫이다. 분명한 것은, 삶은 만만한 꽃길은 아니지만 버티는 사람에게는 그만큼 선물을 준다는 것. 삶이 성공의 대가로 요구하는 것은 시간과 노력과 인내다.

4

내 삶의 기준은
내가 정한다

초등학교 이후 오랜 기간 행복하다는 생각을 하지 못했다. 항상 쫓기는 기분이고 뭔가 부족한 느낌이었다. 초등학교 때는 공부를 제법 했다. 상위권이었고 인정받았다. 중학교 때부터 성적이 떨어졌다. 자존감이 많이 떨어졌다. 고등학교 2학년 2학기 모의고사를 보고 선생님이 정답이 나오기 전 미리 채점해보라며 과목별로 가장 잘하는 학생의 답안지를 불러줬다. 영어, 수학은 다른 학생 답을 불러주고 국어는 반 친구들이 내가 잘한다고 말해 내 답을 불렀다. 초등학교 이후로 존재감을 느낀 사건이었다.

그 사건 이후로 공부가 하고 싶어졌다. 겨울방학 때 수학의 정석을 가져다 놓고 몇 번을 독학했다. 고3 때의 담임 선생님은 영어 담당이었는데 잘 가르치셨다. 영어도 문제집부터 외우다시피 했다. 성적이 수직 상승했다. 하지만 내신이 발목을 잡았다. 1, 2학년 성적이 워낙 좋지 않았다.

　대입시험을 본 날, 집에 재수한다고 선언했다. 한순간 집안이 발칵 뒤집혔다. 경찰 신분으로 전북 무주에서 근무하던 아버지가 집에 오셨다. 뻔한 공무원 월급에 재수시키기기는 어렵다며 사정을 하고 가셨다. 나중에 들었는데 눈이 너무 많이 와서 통제된 모래재를 목숨 걸고 차를 몰아 오신 거였다. 지금은 대체 도로가 개통되었지만 모래재는 워낙 험해서 수십 명이 낭떠러지로 떨어져 죽은 사고가 있는 악명 높은 고개다.

　합격해도 다니지 않겠다 생각하고 지역의 국립의대를 넣었다. 당연히 합격할 거라 생각하며 발표 날 학교에 갔다. 그때는 수험번호를 종이에 써서 벽에다 붙였는데 내 번호가 없었다. 다리가 후들거리며 눈앞이 캄캄했다. 멍하니 있다가 벽 옆면을 보았다. 끝에 내 번호가 있었다. 지옥에서 천당으로 올라온 기분이었다. 더 이상 재수하겠다는 소리 안 하고 다니기로 했다.

　왜 행복하지 않았을까, 오랜 기간 고민했다. 여러 이유를 생각했는데 가장 타당한 이유는 성적과 인정 때문이라고 결론 내렸다. 초등학교 때는 공부 잘하는 아이라는 말을 듣고 인정을 받았다. 그런데 중학교 때부터 성적이 떨어졌다. 운동도 못하고 노래도 못하고 남 앞에서 말도 못해서 반장은 꿈도 못 꾸었다. 그림은 잘 그렸지만 평소에 다른 사람 앞에서 드러내기 힘든 특기였다. 한마디로 공부 말고는 주목받을 방법이 없었다. 유일한 특기이자 내놓을 장점이 공부와 성적뿐인데 성적이 떨어지니 인정받지 못했고 행복할 수가 없었다.

삶을 평가하는 기준은 다양하고 행복을 느끼는 방법도 사람마다 다르다. 하지만 학생 때는 성적만으로 평가한다. 성적은 경쟁을 전제로 하고 등수를 매긴다. 남보다 잘하거나 남이 못해야 순위가 올라간다. 늘 긴장하고 살 수밖에 없다. 성적에 연연하면 행복한 순간은 시험을 잘 본 날과 성적이 발표된 날뿐이다. 그것도 일시적이다. 바로 다음 시험이 있으니까 1등은 지켜야 하고 2등부터는 도전해야 한다.

행복이 성적순이면 내 행복 기준이 남의 손에 달린다. 시험은 남이 출제하고 평가도 남이 하니까 남이 낸 문제를 몇 개 더 맞추냐 못 맞추냐로 씨름하고 남이 채점한 점수표에 기뻐하고 슬퍼한다. 시험 날짜도 장소도 남이 지정한다. 내 노력의 결과인 성적이 남의 근무 평가 요소가 되기도 한다. 그나마 성적이 좋으면 일시적 만족감과 우등생이라는 간판이라도 생기지만 성적이 떨어지면 무가치한 삶이 된다. 인생의 기준을 남의 손아귀와 경쟁에 맡긴 삶의 한계다.

사람은 본능적으로 남에게 인정받고 싶어 한다. 딸아이가 유치원 다닐 때 일이다. 세수를 하고 있는데 갑자기 화장실 문을 턱 열더니 "아빠, 나 예뻐?" 하고 묻는 거다. 아마 머리에 핀을 꽂고 나름의 단장을 했던 것 같다. 엄마에게 먼저 물었더니 아빠께 물어봐라 했나 보다. 순간 너무 귀여웠다. 보고만 있어도 동화 속 요정처럼 너무나 예쁠 때인데 어떤 아빠가 아니라고 할까. 딸은 눈을 초롱초롱 크게 뜨고 아빠의 대답을 숨죽여 기다리고 있었다. 나는 최대한 진지하게 말했다.

"응, 예뻐."

순간 아이의 얼굴에 웃음이 돌고 발갛게 상기된 표정이 올라왔다.

엄마에게 통통 뛰어가면서 "엄마, 아빠가 예쁘다고 했어. 예쁘대"라고 소리쳤다. 엄마 앞에서도 한참 뭐라 뭐라 종알거렸다. 딸은 그 사실을 말해도 까맣게 기억하지 못한다. 나만 한여름 밤의 꿈처럼, 삶에 벼락처럼 내린 행복한 축복으로 기억한다.

내가 스스로 한 일이 남에게 인정을 받으면 기쁘다. 힘이 난다. 하지만 강제적인 일에 타의로 평가를 받으면 거부감이 든다. 노동과 운동의 차이이고, 근로와 취미의 차이이다.

몇 년 전, 목공에 빠진 적이 있다. 내 손으로 물건을 만들어보고 싶었다. 일이 끝난 뒤 저녁을 간단히 먹고 목공방에 도착하면 7시쯤 된다. 세 시간 정도 작업을 한다. 의자부터 책장, 서랍장까지 목공 선생님과 같이 만들고 싶은 가구를 정한 뒤 도면을 그린다. 자른 나무는 목공방에서 제공하는데, 다듬고 조립하고 색칠하는 것은 내 일이다.

일과 후에만 작업을 하니까 속도는 더뎠다. 간단한 의자를 만드는 데도 이삼일 걸렸다. 큰 책장이나 복잡한 서랍장은 한 달 이상 걸렸다. 하지만 완성된 가구를 집으로 옮겨 자리를 잡아놓으면 그렇게 뿌듯할 수가 없었다.

내가 생각하고 내가 만든 결과물을 사용한다는 만족감은 매우 크다. 더 이상 집에 가구를 놓을 데가 없어 이제 목공은 하지 않지만 여전히 집 곳곳에 내 손으로 만든 가구가 듬직하게 자리하고 있다. 기회가 되면 다시 목공을 하려 한다.

시간과 노동, 돈을 생각하면 사는 게 훨씬 싸고 편하다. 이른바 경제적이다. 그래도 굳이 힘들게 만드는 이유는 돈으로 살 수 없는 의

미와 보람이 있어서다. 남이 만든 것을 배달시키기보다 전 과정에 내가 주체적으로 생각하고 결정하고 참여하는 성취감은 포기하기 힘들다. 목공 선생님의 도움을 받지만 내 의지로 내가 쓸 물건을 만드는 일은 삶의 과정에서 오롯이 주인이 되는 경험이다.

아쉽지만 나는 삶에서 내 의지로 살아본 기억이 별로 없다. 학생 때는 배우는 과정이라 어쩔 수 없지만 의사면허를 딴 뒤 수련 과정에서도 피교육생 신분은 계속된다. 항상 선배 전공의와 지도교수의 감독을 받는다. 군대는 군의관으로 마쳤지만 정해진 틀에서 사는 삶이다. 전문의 과정이 끝나면 비로소 학생 신분을 벗어난다. 초중고 12년, 대학 6년, 군대 39개월, 수련 과정 5년, 전임의 1년, 장장 27년 3개월간 만에 피교육생 신분에서 탈출했다.

그 뒤 개업을 했다. 직장에서 남의 눈치를 보기 싫어 개인의원을 개업했다. 자영업을 하면 삶을 내 의지로 살 수 있으리라 생각했지만 오판이었다. 생업은 낭만이나 자아실현의 장이 아니다. 철저하게 시장에서 선택을 받아야 한다. 친절하거나 치료 효과가 좋거나 하는 비교우위가 없으면 바로 도태된다. 생업의 도태는 가정의 곤궁과 치명적인 빚으로 이어진다.

본질은 사회주의 의료제도인 우리나라에서는 치료 행위, 치료 재료 하나까지 시시콜콜 정해져 있다. 벗어나면 무조건 불법이고 벌금에 영업 정지, 자격 정지가 따른다. 치료를 해도 정한 기준을 벗어나면 치료비를 못 받는다. 되려 과잉 진료라 하여 치료비를 깎는다. 가끔 실사라는 명분으로 한바탕 들이닥쳐 범죄자 수준으로 진료 기록과 병원 운영 내역까지 뒤진다. 애초부터 지키지 못할 기준을 만들고 마음에 안 들면 탈탈 턴다. 이 과정에서 자살하는 원장도 나온다. 환자 눈치와 단속기관 눈치 그리고 직원 눈치도 보노라면, 가끔 내가 하고 싶다고 할 수 있는 것이 정말 없다는 생각이 든다.

의학의 발전은 따라가기 힘들다. 눈부시다는 표현이 맞다. 전 영역을 아는 것은 불가능하고 자기 전공의 최신 흐름을 쫓아가기도 벅차다. 휴일에도 공부는 끝이 없다. 학회, 세미나, 연수강좌 등이 끊이지 않는다. 한참 공부할 때는 6개월간을 일주일에 수, 토, 일 사흘을 서울로 다닌 적도 있다.

어느 순간 힘이 확 부치고 회의가 들었다. 왜 이렇게 힘들게 사는지 의문이 들었다. 동료가 하니까, 신기술이니까 일단 배우고 보자한 건 아닌가 생각했다. 남의 손에, 남의 기준에 이리저리 휘둘린다는 느낌을 지울 수가 없었다.

가정이 있으면 퇴근 후 삶도 내 것이 아니다. 생계를 책임져야 하면서 가정도 신경 쓸 일이 많다. 내가 나로 있을 시간과 공간이 없다. 그래서 목공이나 악기처럼 내 마음대로 만들고 소리를 내는 그 시간, 그 행위가 그렇게 편안할 수가 없다. 사람에게는 남을 의식하지 않고 주체적으로 쓸 수 있는 시간이 반드시 있어야 한다. 독서, 산책, 자전거, 악기 등 혼자 해도 좋고 같이해도 좋다. 요컨대 성취감을 느낄 만한 활동은 꼭 필요하다.

'버퍼 시스템'이라는 것이 있다. 완충계를 말하는데, 평형이 일어난 상태, 외부 자극에 평형이 깨지지 않는 상태를 의미한다. 생명체의 생존에 아주 중요한 역할을 한다. 환경이 한순간 바뀌어도 버퍼 시스템으로 말미암아 충격에 버틸 수 있다. 인생도 버퍼 시스템이 튼튼해야 건강하다. 가족, 친구, 종교, 돈, 취미는 인생의 버퍼 시스템이고 나의 버퍼 시스템은 내 주관이다.

눈에 보이는 삶뿐 아니라 의식의 영역도 스스로 결정할 수 있는 부분을 만들수록 행복하다. 남을 의식하지 않고 만족할 수 있는 기준과 선악 및 호불호 등 선택이 요구되는 사안에 대한 기준을 군건하게 만든다면 많은 부분에서 고민과 불안이 줄어든다. 의식의 영역에서 주관을 확립하고, 종교 활동과 취미생활 등 사적 영역부터 내 기준을 정하면 편하다. 범위를 넓히면 경조사 참석 기준, 옷차림, 쇼핑의 대상 등 내가 기준을 정할 일은 꽤 많다.

모든 사람을 만족시키는 기준을 만들기란 불가능하다. 누가 내 삶의 기준을 만들어주지도 않는다. 모두 자기 기준으로 산다. 내 기준이 단단할수록 남에게 휘둘리고 갈등할 일이 줄어든다. 내가 만족해야 남과의 관계도 편하다. 이제 남이 정한 기준은 과감히 버리고 내 삶의 기준을 스스로 만들어보자.

5

불안한 감정의
악순환을 끊어라

우리나라 남자들이 공통적으로 꾸는 악몽 중 으뜸은 군대 가는 꿈이다. 군대를 마친 뒤 수십 년이 지나도 입대하는 꿈을 꾼다는 사람이 있을 정도로 한국 남성들의 대표적인 악몽이다. 군의관으로 복무를 마친 나는 군대를 다시 가는 꿈을 꾼 기억은 없다. 한두 번은 있었을지 몰라도 악몽까지는 아니다. 나에게 악몽은 의사국가시험에 떨어지는 꿈과 전문의시험에 떨어지는 꿈이다.

의대 과정은 생각 이상으로 힘들다. 본과 1학년에 올라가니 일주일에 세 번 이상 쪽지시험을 봤다. 기말고사는 보통 한 달을 본다. 시험 기간에는 차츰 잠드는 시간이 늦어지다가 끝날 때쯤 되면 올빼미가 된다. 정규시험이 끝나면 '재시' 기간이 시작된다. 재시에 통과 못하면 '재재시' 또는 '재재재시'를 본다. 창피하지만 나는 '재재재재재재재시'까지 봤다. 그래도 상당수 학생이 같이 봐서 그렇게 쑥스럽지는 않았다. 우리는 등록금을 전부 내니까 학교에서 주는 혜택을 종이 한 장까지 다 받아야 한다는 씁쓸한 농담을 던지며 서로를 격려했다. 우등생과 보통 학생의 방학 기간은 한 달 정도 차이가 난다.

학년이 끝나면 유급과 진급을 발표한다. 표로 만들어 진급자 명단을 게시한다. 유급생은 까만 매직으로 지운다. 위아래 뭉텅뭉텅 까만 칸이 유급생이다. 몇 칸이 까맣게 칠해지기도 한다. 이 과정을 4년간 반복하면 졸업을 한다. 내가 대학을 다닐 때는 졸업 정원제가 있었다. 120명 정원에 150명이 입학해서 160명이 졸업했는데 입학 동기는 100명 남짓이었다.

졸업 후 국가고시를 보는데 당시는 합격률이 꽤 높았다. 이게 스트레스다. 합격은 당연한 것이고, 떨어지면 가문의 창피였다. 시험 전날에는 잠이 안 와서 수면제를 먹고 자기도 한다. 면허증을 받으면 그제야 졸업했구나, 하는 안도감이 든다.

인턴 과정을 마치면 레지던트 과정에 지원한다. 나는 여기서 떨어져 군대를 갔다. 난생처음 시험에 떨어져 충격이 컸다. 그때 군대를 마친 인턴 동기가 위로하면서 한 말이 지금도 기억난다. 자기도 시험에 떨어져서 군대에 갔는데 삶이라는 기차에서 내린 뒤 보니 타고 있을 때는 몰랐지만 기차가 엄청난 속도로 달리고 있더라는 것이다. 당시는 큰 위로가 되지 않았지만 지금 돌아볼 때 참 맞는 비유라 생각한다.

군대는 현역 장교로 복무하는 군의관과 무의촌에 근무하는 공중보건의로 간다. 현역이 힘드니 다들 공중보건의로 가고 싶어 한다. 나는 현역이었다. 군생활도 상당히 어렵다는 곳에서 했다.

3년간 군생활을 마친 뒤 후 원하는 과를 2년 연속 떨어졌다. 내 길이 아닌가 보다 하고 다른 과를 지원해서 4년간 수련을 마쳤다. 수련을 마치면 전문의시험을 본다. 시험 전날에는 긴장이 극에 달해서 잠을 잘 수가 없다. 다행히 합격했다. 이제 지긋지긋한 시험에서 해방이다. 초등학교 입학 후 23년 중간에 재수, 군대까지 합하면 28년 만에 타의에 의한 시험에서 완전히 졸업했다.

현실은 시험에서 해방되었지만 가끔 시험 보는 꿈을 꾼다. 그것도 항상 떨어진다. 의사면허시험과 전문의시험에서 떨어지는 꿈을 교대로 꾼다. 의사국가시험에 합격한 지 27년, 전문의시험은 17년이 지났는데도 가끔 꿈에 나온다. 하도 많이 꿈을 꿔 지금은 꿈속에서 '아 이건 꿈인 걸 알아' 할 정도가 되었다. 아마 앞으로도 가끔 시험에 떨어지는 꿈을 꾸지 않을까 싶다.

불안은 상황보다 그 상황을 해석하는 마음이 문제다. 마음은 어떤 사소한 문제라도 한순간 지구가 멸망할 만한 사건으로 만들어버리는 능력이 있다. 의식에서 진행하는 과정이 아니라 무의식에서 순식간에 진행한다. 의식이 손 쓸 틈도 없이 훅 진행한다. 마음이 불안하기로 마음먹으면 막으려 해도 소용이 없다. 그대로 간다. 괜히 실랑이하면서 힘을 낭비하지 말고 차라리 지켜보다가 사건이 정리된 후 아껴둔 힘으로 뒷수습을 하는 게 낫다. 마음의 불안을 인정하고 자신을 객관화할 수 있는 능력이 중요한데, 상황과 자신의 반응을 객관화하면 대부분은 아무 일이 아니다.

마음은 야생마와 같아서 훈련되지 않으면 제멋대로 날뛴다. 주인을 지켜야 한다는 신념으로 자신의 일을 독불장군처럼 수행하며 현재 상황을 고려하지 않는다. 사업의 성패가 걸린 중요한 협상이든, 꿈에 그리던 이상형을 만난 순간이든, 합격을 결정하는 최종 면접이든 전혀 고려하지 않고 그냥 제 갈 길을 간다.

불안의 경험은 강화된다. 불안한 경험이 증폭되면 그 자체가 불안의 원인이 된다. 나중에는 비슷한 상황이나 장소만 지나쳐도 불안이 작동한다. 하지만 다행인 점은 반대의 경험도 강화될 수 있는 것이다. 불안감을 가라앉혔던 경험이나 불안해도 별일 없었다는 학습이 반복되면 불안감이 증폭하는 악순환을 끊을 수 있다.

한두 번 불안을 다스린 기억이 쌓이면 맷집이 생긴다.

'불안해도 죽지 않는구나!'

불안했지만 해냈다는 자신감이 생기면 그때부터 불안감도 해볼 만한 감정이 된다. 내 손을 벗어나서 나를 꼭두각시처럼 가지고 놀던 불안감이 이제는 내 손의 꼭두각시가 된다. 올려 봐도 꼭대기가 안 보였던 벽이 이젠 디딤돌이 된다.

군대 시절, 상관이 급하게 전달할 물건이 있다고 차가 있는 내게 심부름을 부탁했다. 정확한 내용물은 기억나지 않지만 액체였다. 심하게 흔들리거나 흘리면 안 된다고 신신당부했다. "알겠습니다!" 하고 물건을 차에 싣고 운전했다. 길이 좋지 않아 계속 신경을 곤두세우고 달렸다. 한 시간가량 한 손으로 잡다시피 하면서 운전을 했는데 온몸에 힘이 들어갔다. 정신은 온통 물건에 가 있었다. 차가 덜컹거리면 움찔하고 굽은 길에서는 속도를 줄이면서 손으로 꼭 부여잡았다. 하늘처럼 높은 상관의 부탁이라 바짝 긴장하며 운전을 했다.

목적지에 도착해서 물건을 차에서 내려놓는 순간 모든 압박에서 해방되었다. 돌아오는 길이 그렇게 편할 수가 없었다. 차가 덜컹거려도 무시하고 굽은 길도 여유 있게 달렸다. 단지 신경 쓸 물건이 없다는 이유로 모든 상황이 달라졌다. 그 즈음에 나는 결별 통보를 받았다. 호감은 있었지만 사귄 적도 없어 사실, 헤어진다고 하기는 좀 애매하긴 하다. 그럼에도 여하튼 어렵게 만났으므로 납득할 만한 이유를 물었다. 이유는 없고 관심 없으니 부담주지 말고 연락하지 말라는 조용하지만 완고한 말만 돌아왔다. 혼자 상처받았다. 어려울 때 받는 상처는 더 쓰리다. 마음대로 움직일 수 없는 군인 신분 상태에서 받은 거절이라 더 힘들었다. 그 시점에서 상관의 부탁으로 물건을 전했던 것이었는데, 오는 길에 문득 생각했다.

'나는 달라진 것이 없는데 물건을 내려놓으니 이렇게 마음이 편하다니. 마음도 내려놓으면 편하겠구나!'

물론 마음은 물건처럼 잡히지 않으니 쉽게 내려놓을 수는 없다. 그래도 생각보다 결별의 시간을 잘 참아냈다.

물건만 내려놓을 수 있는 것이 아니다. 마음도 내려놓을 수 있다. 어느 정도 상상력과 의지만 있으면 마음도 형상화할 수 있다. 삼각형이든 사각형이든 빨간색이든 노란색이든 형상화하라. 더 요동치기 전에 조용히 내려놓으면 된다. 의외로 쉬울 수 있다.

불안한 마음의 실체를 볼 수 없다고 하지만 사실, 불안한 마음 자체가 실체다. 형태를 알아볼 수 없지만 존재하는 사실은 인정해야 한다. 너무 다양한 형상으로 나타난다. 숨이 차기도 하고 손이 떨리기도 하고 말문이 막히기도 하고 움직일 수 없기도 한다. 머리가 하얗고 아무 생각이 안 날 수도 있다. 심장이 터질 듯 뛸 때도 있다. 소변이 마렵기도 하고 배가 아프기도 한다. 눈앞이 캄캄하고 심하면 쓰러진다. 오래되면 잠을 못 이루거나 잠만 잔다. 입맛이 없어 살이 빠지는 사람이 있는가 하면 식욕이 증가하여 살이 급격히 찌기도 한다.

불안감의 증상만큼이나 반응도 다양하다. 의식조차 못하는 사람도 있고, 가벼운 떨림을 반기는 사람도 있다. 자기만의 의지로 이기는 사람도 있고, 징크스로 돌리는 사람도 있다. 심지어 삶이 피폐해지도록 힘들어하는 사람도 있다.

평범한 사람이면 살면서 일정 정도 불안감을 느끼는 것이 정상이다. 가벼운 불안감에서 힘들어도 견딜 수 있을 정도까지 강도는 다양하다. 살다 보면 불안감에서 벗어나는 비법이나 경험도 생긴다. 불

안은 피할 수도 없고, 피한다고 해결되지도 않는다. 불안과 함께하는 법을 배우는 것이 낫다.

그림자는 없앨 수 없다. 도망쳐도 따라온다. 그림자를 없애는 법은 딱 두 가지다. 하나는 적도에서 해가 머리 한가운데 있는 경우다. 물론 그것도 일시적이다. 해는 기우니까 해를 따라 움직이는 것도 한계가 있다. 다른 한 가지는 빛을 없애는 거다. 이 경우 문제는 그림자와 더불어 눈으로 볼 수 있는 세상도 사라진다는 점이다. 그림자가 싫다고 어둠에서만 살 수는 없다. 같은 맥락이다. 불안이 싫다고 감정을 다 없애고 살 수는 없다.

불안을 없애려 하지 말고 내가 조절할 정도만큼 유지하면 된다. 내 몸보다 큰 개는 산책할 때 힘들다. 나보다 작아야 데리고 다닐 만하다. 불안은 작게 시작한다. 그러다가 어떤 계기를 통해 폭주한다. 악순환이 시작되고 걷잡을 수 없이 거대해진다. 그러니 적절하게 조절하는 것을 목표로 해야 한다.

작은 강아지는 위협을 느끼면 짖는다. 주인에게 위험을 미리 알려 준다. 남이나 주인을 공격할 수도 있지만 큰 피해를 주지 못한다. 작은 불안은 위험을 알리는 경고등 역할을 충실히 한다. 불은 조절 가능하면 요리도 하고 몸도 덥히지만 지나치게 커지면 다 태운다. 불안도 마찬가지다. 지나치게 커지지만 않으면 위험에 대비하고 미래를 준비하는 동력이 된다. 있는 불안을 억지로 누르려 하지 말고 호들갑을 떨며 과한 대응도 하지 말자. 딱 거기서 멈추자.

6

흔들리지 않는 인생은 없다

누구나 평탄한 인생을 꿈꾼다. 살아가는 동안에 힘든 고비도 없고, 아프지도 않고, 그러면서 일은 잘 풀리고, 원하는 것은 다 가지고, 뜻하는 일은 모두 이루는 행복한 인생을 말이다. 하지만 꿈 깨자! 그런 삶, 그런 사회, 그런 세상은 결코 없다. 선사 때부터 지금까지 인류 역사에서 어느 시대, 어느 나라를 통틀어서 모두가 평안한 시절은 없었고 앞으로도 없다.

간혹 복 받은 개인이 평탄할 수 있지만 그마저도 삶 중 일정 시기에 받은 축복이다. 부모 덕이거나 젊어서 노력한 결과로 노후가 상대적으로 편안하다는 의미다. 모두가 행복한 나라란 없다.

인생은 변화무쌍하게 늘 변한다. 행복은 상대적인 느낌이다. 추운 날 따듯한 방에 있으면 행복하고, 더운 날 시원한 방에 있으면 행복하다. 항상 무더운 적도의 나라에서는 난로의 고마움을 알 리가 없다. 추운 극지방 사람들에게 냉장고의 필요성이나 에어컨 앞의 시원함을 설명하기 힘들다. 부족해야 채울 때 기쁘고, 채운 뒤 고마움을 안다.

평안도 흔들린 사람들이 느끼는 안도감이다. 고정된 상태로 변화가 없는 삶은 지루하다. 그 삶에서 평안은 별게 아니다. 삶이 지루하면 사람들은 자극을 찾는다. 권태는 고통이니까.

천국이란 어떤 곳일까 생각한 적이 있다. 다툼도 없고 배고픔도 없고 고통도 없는 곳, 항상 편안하고 안락하고 추위도 더위도 없다. 당연히 경쟁도 없고 불안도 없고 시기와 질투도 없다. 사자와 어린 양이 함께 뛰놀고, 지진과 태풍 등 자연재해도 없는 곳……. 그런 세상이 있다면 재미있을까? 행복할까?

살면서 짜릿하고 재미있는 일은 대부분 금기다. 술, 게임, 도박은 물론이고 이성 간의 사랑도 관습을 벗어나면 불륜이다. 사회가 용인하는 쾌락은 스포츠, 복권, 돈 버는 활동, 도전 등이 있다. 스포츠에는 승자와 패자가 있다. 시험에는 합격과 불합격이 있다. 선거에는 당선자와 낙선자가 있다. 사업은 죽고 살기의 경쟁이고 경쟁자를 쓰러뜨려야 내가 산다. 모든 승자의 환호 뒤에는 패자의 절망이 있다. 이 모든 것이 없는 세상이 천국이라면? 글쎄, 그런 천국에 가고 싶을까?

제일 맛있는 음식은 배고플 때 먹는 첫술이다. 제일 시원한 물은 한여름에 땀을 뻘뻘 흘리다 목으로 넘기는 물이다. 아무리 맛있는 음식도 연속해서 여러 번 먹으면 질린다. 배부를 때 억지로 떠먹어야 하는 음식은 맛은커녕 냄새도 거북하다. 시원한 물도 추운 데서 마시면 고역이다.

학생 때 지리산 등반을 자주 했다. 산 중턱에서 먹는 오이의 맛은 말로 다 못할 정도로 최고다. 시원한 산바람에 땀을 닦고 멀리 산 절경을 보면서 오이를 한 입 와사삭 베어 물면 올라올 때 고생한 기억은 온데간데없다. 오이는 그 순간 인생 최고의 음식으로 등극한다. 그 오이를 집에서 본다면? 외면할 때가 더 많다.

땡볕 아래에서 유격 훈련 등을 하자면 시원한 맥주가 그렇게 간절할 수가 없다. 램프의 요정이 네 소원이 뭐냐 물으면, "맥주 한 모금만 마시게 해주세요"라고 할 정도다. 앞서 말했듯 나는 술을 잘 마시지 못한다. 맥주와 막걸리만 마신다. 주량은 한 병 조금 더 마신다. 두 병째 넘으면 한 모금 한 모금이 부담스럽고 괴롭다. 같은 술인데 정도를 지키느냐 넘어서느냐에 따라 인생 소원이 혹은 고문이 된다.

인생도 세상도 변화는 선택이 아닌 필수다. 흔들림을 어떻게 받아들이느냐에 따라 성장하기도 퇴보하기도 한다.

세상이 내 편일 거라는 착각은 일찌감치 버리는 게 좋다. 세상 안에서 나는 있어도 그만, 없어도 그만이다. 세상은 단지 장소만 제공할 뿐이다. 누가 살든지 죽든지 관심 없다. 살아야 하는 것은 온전히 내 몫이다. 세상은 때가 되면 파도처럼 왔다 갈 뿐이다. 삶의 파도도 무심히 왔다가 간다. 삶이 흔들린다고 원망해도 세상은 눈길 하나 주지 않는다.

현재 세계 최고의 외줄타기 명인은 닉 왈렌다. 200년 이상 줄타기 묘기를 해온 외줄타기 명가인 '나는 왈렌다스(The Flying

Wallendas)'의 7대 자손이다. 조상 중 두 명이 줄타기 중 사망했을 정도다.

그는 야간에 시카고의 200미터 고층 빌딩 세 곳 사이를 안전장치 없이 외줄을 타고 횡단했다. 180미터와 195미터 높이의 건물 사이를 건너고 이어서 눈을 가린 채 180미터 건물 사이 30미터를 2분 만에 건넜다. 시카고에서는 안전장치 없는 줄타기가 금지이지만 명인인 그를 존중하여 허용했다. 그는 빌딩을 건넌 후 인터뷰에서 "제가 나뭇잎처럼 흔들리는 거 보셨지요. 외줄이 많이 흔들렸습니다. 두 번 생각하지 않고 건너편으로 가는 것만 생각했습니다"라고 말했다. 또한 그는 세계 최초로 나이아가라 폭포에서 외줄타기에 성공했다. 나이아가라 폭포에서 가장 큰 호스슈 폭포 46미터 위에서 길이 196미터 외줄을 30분 만에 건넜다. 폭포를 건넌 뒤, 입국 목적을 묻는 캐나다 이민국 직원에게 그는 "세상 사람들에게 영감을 불어넣으려고 왔다"고 말했다. 폭포 중간의 물안개와 바람이 가장 위험했다고 얘기한 그는 "집중하고 또 집중했다. 모든 걸 훈련할 때로 되돌렸다"고 말했다. 이 외줄타기에서는 미국과 캐나다 양쪽에서 허가를 받았고 캐나다는 128년 만에 단 한 번 예외를 허용했다.

왈렌다는 줄 위에서 흔들리면 온전히 집중하면서 건너편으로 가는 것만 생각한다고 했다. 아무리 인생이 흔들려도 폭포 위에서만큼 흔들리지는 않는다. 인생이 힘들어도 발 디딜 곳은 많다. 너무 힘들면 멈추어 쉴 수도 있고 누워서 한잠 자고 갈 수도 있다. 줄 위에서는 미끄러지거나 누우면 바로 죽음이다. 아차, 하는 순간 목숨을 잃는 상황에서도 줄을 건너는 동력은 건너편을 보고 집중하는 것이다.

견디기 힘들 정도로 흔들리면 잠시 쉬어도 괜찮다. 하지만 지금 있는 자리에서 일어나지 못하면 그 자리가 무덤이 된다. 일어나면 출발선이 된다. 목표에 한 걸음 다가선다. 시작하면서 쉬지 않고 끝까지 완주한 인생은 없다. 쉬면서 주저앉고 일어나면서 좀비처럼 나아간 사람이 목적지에 도착한다. 성공한 인생의 결과물만 보면 아픔이 없어 보이지만 상처 없는 완주란 없다. 기어서라도 목적지에 도착하면 남들은 부러워하고 우러러본다.

군 시절, 외출을 나왔다가 막차를 놓쳤다. 어쩔 수 없이 걸어서 부대로 가고 있는데 소형 화물차가 옆에 섰다. 가는 길에 태워준다고 했다. 너무 고마웠다. 조수석은 자리가 없어서 화물칸에 타고 가야 하는데 괜찮겠냐고 했다. 찬밥 더운밥 가릴 처지가 아니었다. 불빛 하나 없는 캄캄한 밤에 차 한 대 다니지 않는 비포장 산길을 몇 시간씩 걸어가기란 쉽지 않다. 아무리 군복을 입었어도 무기가 없고 부대를 벗어난 한 명의 군인은 그저 겁 많은 아저씨에 불과하다.

화물칸에 타고 출발했다. 앞 의자에는 운전자 부부가 앉고 화물칸에는 배추가 실려 있었다. 비포장도로를 덜컹거리면서 달리는 동안 굉장히 많이 튀었다. 놀이공원에서 타는 팡팡 디스코는 저리 가라였다. 손잡이도 없어 적재함 벽만 꽉 잡고 가야 했다. 맨바닥이라 철판은 차갑고 딱딱했다. 밤이 깊어서인지 운전하는 부부는 좀 급하게 달렸고 화물칸에 앉은 나는 덩달아 계속 튀었다. 차 밖으로 떨어지면 어쩌나 하는 두려움이 생길 정도로 튀었다. 눈앞에서 배추가 먼저 튀고 나면 바로 나도 튀었다. 떨어지면 쿵하고 엉덩이가 아팠다. 그렇게 몇십 분을 배추와 흥겹게 튀다가 부대로 들어가는 갈림길에 도착했다. 얼른 내려서 고맙다 인사하고 욱신거리는 엉덩이를 만지면서 부대로 들어갔다.

　인생이란 비포장길을 달리는 것과 비슷하다. 단지 운전을 내가 하는 게 아니라 화물칸에 실려 가는 길이다. 덜컹덜컹 나의 문제도 나도 배추같이 계속 튄다. 심하면 차 밖으로 튕겨나간다. 그러면 다음 차를 기다리든가 밤길을 걸어야 한다. 그러나 잘 버티면서 차에서 내리지 않으면 금새 목적지에 도착한다. 때로는 고급 승용차 뒷자리에 탈 수도 있지만 대부분 화물칸에 타거나 걸어서 가는 길이다. 다행인 점은, 힘들다고 내리거나 출발지로 돌아가지만 않으면 누구나 목적지에 도착할 수 있다는 것이다.

7

감정을 다스리면
진짜 나를 만날 수 있다

'내가 나를 모르는데 난들 너를 알겠느냐' 하고 시작하는 노래가 있다. '내 마음 나도 모르게' 하는 가곡도 있고 '이랬다가 저랬다가 장난하나'라는 과격한 노래도 있다. 다 마음을 어찌할 수 없다는 내용이다. 대중가요는 시대를 반영하는데 마음에 대한 노래는 시대와 지역을 초월해서 꾸준히 유행한다. 그만큼 마음이 골칫덩어리라는 뜻이다.

대중가요뿐 아니라 나도 '나'를 제대로 아냐고 물으면 안다고 대답할 자신이 없다. 금성이나 목성은 대기가 너무 두껍고 변화가 심하다. 지표면이나 핵을 볼 수가 없다. 이 행성들처럼 나라는 본질의 핵을 감정이라는 껍질이 둘러싸고 있는데 워낙 변화가 심하고 두터워 제대로 알기가 힘들다.

'페르소나(persona)'는 그리스어에서 기원한 말로, '가면'을 뜻한다. '외적 인격' 또는 '가면을 쓴 인격'을 의미한다. 칼 융은 "마음은 의식과 무의식으로 구성되는데, 페르소나는 무의식의 열등한 인격이며 그림자처럼 자아의 어두운 면이다"라고 했다. 자아는 외부로 드러난 의식을 통해 외부 세계와 관계를 맺고 내면과 소통하는 주체이다. 그리고 페르소나는 자아의 가면처럼 집단과 사회의 행동 규범, 역할을 수행한다.

사람들은 모두 자기만의 페르소나가 있다. 남이 보는 나, 사회적인 나라고 생각하면 된다. 어떤 위치, 어떤 직업마다 당연히 기대에 맞게 행동해야 하는 기준이 있고 이에 맞춰 행동하는 외피가 페르소나다. 성직자는 고고하게 행동해야 하고, 군인은 용감해야 한다는 사회적 고정관념이다. 남자는 약한 모습을 보이면 안 된다는 암묵적 강요도 이에 해당한다.

가정이나 친밀한 관계에도 페르소나가 있다. 넓게는 친구에게 잘 보이려고 화나도 화가 안 난 척하는 행위, 피곤해도 같이 놀아주는 행위 등이 포함된다. 엄마들이 아이를 혼낼 때는 사나운 목소리로 혼내다가 전화벨이 울리면 180도 바뀌면서 나긋한 목소리로 받는 경우도 마찬가지다.

일본을 이해하는 데는 '혼네(本音, ほんね)'와 '타테마에(建前, たてまえ)'가 필수적이다. 본심과 배려라고 생각하면 된다. 혼네는 개인의 본심이나 속셈이라 할 수 있고, 타테마에는 사회 규범에 의거한 의견을 나타내며 외부와 조화를 우선하는 보호막이나 가면이라 할 수 있다.

일본만 그런 것이 아니라 우리나라도 비슷하다. 유교 사상을 배경으로 한 문화는 집단을 우선하고 서열을 중시한다. 조직의 조화를 따지고 튀는 것을 꺼리는 경향이 있다. 내 의견을 강하게 피력하기보다는 단체를 따른다. 음식점에서 상사가 시키면 같은 종류로 통일한다. 우리나라 문화도 개인의 개성을 마음대로 나타내고 부담 없이 의사표시를 할 수 있는 문화는 아니다. 제대로 감정을 표현하는 법을 배울 기회가 거의 없다고 하겠다. 울고 싶을 때 울고 웃고 싶을 때 웃어야 하는데 남의 눈을 지나치게 의식한다.

나의 진짜 감정보다는 주변을 의식해 없는 감정을 만들기도 한다. 지금은 거의 사라졌지만 예전에는 상가(喪家)에서 통곡을 대신 해주는 도우미가 있을 정도였다. 슬픔마저 강요하고 남의 눈에 보여주는 의식이 된 것이다.

감정을 제대로 발산하지 못해 발생하는 병이 있다. 화가 드는 것, 화병이다. 울화통이 터진다는 말로 표현을 하는데, '화병(火病, hwa-byung)'은 일상에서 흔히 쓰는 말이지만 정식 병명이다. '세로토닌 하라'를 앞세워 팔순의 나이에 젊은이 못지않게 열정적으로 활동하는 이시형 박사가 세계 정신의학 용어로 등재했다. '감정 표현을 지나치게 장기간 억압하면 발생하는 한국인 특유의 정신증후군'으로 알려져 있다.

화병은 화를 내거나 불만을 표현하는 방법으로 감정을 제때 풀어내기보다 참는 것을 미덕으로 여기는 사회 분위기 때문에 고부 갈등 같은 가족 문제, 사회·경제적 상황에 따라 외부에서 오는 스트레스, 억울함·분함·증오 등의 감정을 쉽게 발산하지 못해 생긴다. 주로 가

정주부에게 발생했는데, 지금은 남녀 상관없이 전 연령에 발생하는 듯하다.

감정을 장시간 억압하면 어느 순간 폭발하거나 폭력적 행동으로 나타날 수 있다. 감정을 속으로 삭이기만 하기보다는 적절히 표현하고 배출해야 한다. 감정의 응어리를 풀고 감정을 조절하는 방법을 배워야 한다. 단지 소리를 지르고, 악을 쓰고, 막말을 퍼붓고, 무작정 화를 낸다고 다 풀리는 게 아니다. 무조건 참는다고 해서 억눌린 감정이 사라지지 않는 것처럼 말이다.

필요에 의해 감정을 속여야 하는 경우이든, 화병이 생길 정도로 감정을 억누를 상황이든, 무의식적으로 사람들에게 예쁜 척을 하든, 진짜 나와 외부의 나가 충돌하면 인생이 피곤하다. 화병이 생길 수도 있고 불안감이 증폭될 수 있다. 항상 허탈하다. 열심히 사는데 껍데기만 남은 기분이 든다. 진짜 감정을 들킬까 봐 조마조마하고 항상 불안하다. 감정을 속이는 데도 에너지가 많이 소모된다.

어떤 경우는 자기의 성격을 몰라 제대로 감정 처리를 못하는 경우도 있다. 대표적 성격 분류로 내향성과 외향성 성격이 있는데 외향성 성격은 사람과 부대껴야 힘이 나고 내향성 성격은 사람을 덜 만나야 편하다. 사람을 만나고 난 뒤 힘이 나는지 피곤한지로 쉽게 구분할 수 있다. 성격에 맞는 일을 해야 감정의 소모가 적고 일의 결과물도 좋다.

외향성인 사람은 영업이나 북적거리는 데서 일해야 신이 난다. 이런 사람을 조용한 연구직이나 명상하는 곳에 놓아두면 힘이 쭉 빠진다. 거꾸로 내향성인 사람을 영업직으로 보내면 바로 사표를 쓴다. 이 사람은 혼자 기획하고 혼자 노는 일에 적합하기 때문이다. 대부분은 두 성격이 섞여 있기 때문에 막상 자기 성격을 모르는 사람이 많다. 간단한 분류 작업을 통해 자신의 성향을 알고 나면 감정을 조절하는 데 도움이 된다.

감정을 다스리는 방법으로, 단점을 고치기보다 장점을 살리는 편이 낫다. 억지로 남과 비교해서 노력하기보다 그 시간, 에너지를 장점에 투자하라. 세상 사는 데 그리고 먹고사는 데 주특기 하나면 지장이 없다. 내향성이면 연구나 기획 쪽에 특화하고 또 사람과 부딪히는 일을 줄이는 것이 좋다. 외향성은 외근이나 영업을 노리고 사람과 부딪힐 일이 많으니까 갈등을 조심해야 한다.

감정도 습관이 생기고 자주 쓰는 감정 위주로 패턴화된다. 일단 감정이 앞장서면 이성이 끼어들 구석이 없다. 앞뒤 따지지 않고 평소 익숙한 대로 반응한다. 나중에 후회할지라도 일단 감정은 폭발한다. 분노나 화일 수도 있고 낙담, 절망 등 극단을 달린다. 주로 부정적 감정이 폭발력이 강하다.

감정을 다스리는 데 가장 필요하고 급한 때가 화를 조절하기 힘든 순간이다. 다른 감정은 대부분 자신을 향하거나 남에게 피해를 주지 않는다. 하지만 화, 분노는 나뿐 아니라 남에게도 파괴적인 영향을 미친다. 직접적인 피해와 잇달아 후회감이 든다. 또 심하면 법의 제제를 받을 수도 있다.

화의 지속 시간은 약 10초라고 한다.

'저 짐승에게 먹이를 주지 마시오.'

화에 딱 맞는 말이다. 온몸을 불사를 듯한 화의 지속 시간은 10초다. 10초만 참으면 화는 저절로 사그라진다. 참을 '인(忍)' 자 세 개면 살인도 막는다는 말이 참 맞다. 화, 분노란 우리 마음에서 일어나는 흥분 반응으로, 이것들은 연쇄 반응을 일으킨다. 화가 나면 혈압이 오르고 심장이 뛰고 그걸 인지하면 더 분노한다. 거기에 화난 행동, 큰소리, 욕 등을 하면 그걸 느끼고 귀로 듣고 더 흥분한다.

물건을 던진다든가 때리는 행동을 하면 몸이 원시적으로 사냥꾼이 된 듯 반응한다. 가히 화의 폭발, 분노의 폭발이다. 이젠 화를 불러일으킨 원인은 뒷전이다. 동물적 반응만 남는다. 조그만 화의 씨가 걷잡을 수 없는 폭력까지 가는 시간은 단 몇 초. 화의 씨앗을 악마의 화염으로 키울지, 조그맣게 다독일지는 자신의 몫이다. 10초다. 화가 난다고 느낄 때, 화가 올라올 때 딱 열까지만 세고 깊은 숨을 열 번만 쉬어라.

어느 정도 감정이 가라앉으면 그때 상황을 정리하고 상대방의 사정을 고려하고 입장을 바꿔서 생각해볼 필요가 있다. 명심할 점은, 항상 감정 자체에 빠져들지 않도록 해야 한다는 것. 화의 원인을 정확히 파악하고 제대로 표현하는 법을 알아야 화를 풀 수 있다.

복식호흡은 불안하거나 화가 날 때 안정을 찾아주는 효과가 있다. 복식호흡을 하면 부교감 신경계가 활성화하여 불안과 화를 가라앉힌다. 흥분을 매개하는 신경이 교감신경이고 안정을 유도하는 신경이 부교감신경이다. 둘은 서로 견제하며 동시에 균형을 이룬다. 교감신경이 흥분하면 심장박동이 증가하고 혈압이 오르고 숨이 가빠지는 등 불안 반응이 나온다. 심장의 박동수가 증가하거나 숨이 가빠지면 교감신경의 흥분을 유발할 수 있다. 부교감신경이 활성화되면 반대로 된다. 심장박동, 호흡이 정상으로 돌아오면서 흥분과 불안이 가라앉는 것이다.

이 과정에서 의식적으로 조절할 수 있는 행동은 호흡뿐이다. 심장운동, 장운동 등은 자율신경이 주관한다. 의식이 끼어들지 못한다. 숨을 의식적으로 천천히 쉬면 부교감신경이 활성화되어 안정을 찾을 수 있다.

화뿐 아니라 감정을 다스려야 할 때는 많다. 주로 자기 파괴적이고 부정적인 감정은 잘 조절해야 하는데 불안, 우울, 비관 등은 반드시 다스려야 한다. 놔두면 인생을 파괴한다.

선천적으로 불안하고 비관적인 사람은 없다. 후천적으로 습관이 된 것이다. 내면의 핵은 명랑하고 낙천적인데, 살면서 두터워진 습관의 외피로 성격이 변하기도 한다. 오래되면 진정한 자아를 잃고 산다.

외피를 벗기고 감정의 난기류를 다스리자. 기후는 조물주가 만들지만 마음은 내가 만든다. 외부로 드러나는 감정이 어느 정도 정리되면 '나'가 나온다. 나의 좋아하는 것들, 성향, 하고 싶은 일 등을 알 수가 있다. 감정을 다스리는 일이 '나'를 아는 첫걸음이자 지름길이다.

8

지금부터
감정 표현법을 배워라

우주인들은, 우주에서 보는 지구는 정말 아름답다고 말한다. 회색이나 단색의 별들 사이에서 푸른빛으로 빛나는 보석 같은 존재라고 말한다. 지구가 아름다운 이유는 물이 있고 대기가 있기 때문이다. 물과 대기가 있어 푸른빛을 반사한다. 물이 있어 생명체가 살고, 대기가 우주 광선을 막아주고 운석의 충돌로부터 지구 표면을 보호해준다. 대기가 없는 달은 온통 곰보 자국이다. 지표면에 충돌하는 운석을 막을 방법이 없기 때문이다.

몸이 지구라면 감정은 지구를 둘러싼 물과 대기처럼 삶을 풍요롭고 윤택하게 한다. 인격을 빛나게 하고 튼튼한 감정은 외부의 충격에서 자아를 상처 없이 보호한다. 감정이 메마른 삶은 자신도 불행하고 주변도 삭막하게 만든다. 세상을 향한 풍부한 호기심과 사람을 향한 따뜻한 공감은 삶을 아름답게 한다.

감정이 메마른 삶은 사막이다. 음식을 먹어도 맛을 느끼지 못하는 것과 같다. 음식을 단지 살기 위한 목적으로 먹는다고 하면 할 말은 없다. 병원 밥, 즉 환자식은 환자 몸 상태에 따른 맞춤형 식단으로 건강과 회복에 좋을 듯하지만 막상 환자는 질색한다. 맛이 없다. 저염식이라 싱겁고 맹맹해서 오죽하면 반찬을 숨겨 와서 먹든가 아예 편의점을 기웃거릴까. 싱거운 것이 건강에 좋은 건 다 안다. 하지만 좀 짜고 매워도 맛있게 먹는 것과 비교해 어떤 게 더 나은지는 대답하기 어렵다.

다이어트를 한다고 닭가슴살만 먹어보았다. 퍽퍽하고 목이 막혔다. 기름에 튀긴 통닭과 매콤한 닭볶음이 생각났다. 목적을 가지고 몇 달은 참고 먹겠지만 평생 먹으라고 하면 복근을 포기하는 게 낫겠다는 생각이 들었다.

1998년 개봉된 영화 〈다크시티〉는 감정에 대한 생각거리를 많이 제공한다. 해가 없는 도시에서 12시만 되면, 시간이 멈추고 모두 잠이 든다. 빌딩들이 없어지고 새로 생긴다. 사람들은 아무 일도 없었다는 듯 깨어나 바뀐 삶을 산다. 주인공은 기억이 사라진 채 호텔에서 눈을 뜨는데, 연쇄살인범으로 몰려 경찰과 검은 옷을 입은 이방인 무리의 추적을 받으며 기억에 대한 수수께끼를 풀어나간다. 그들은 튜닝이라는 능력으로 시간을 멈추고 현실세계를 바꾸어버린다. 주인공은 자신에게 튜닝 능력이 있고 그들을 막을 사람은 자신뿐이라는 걸 안다.

진실이 밝혀지고 이방인들의 정체도 드러난다. '나'는 내가 아니었다. 도시는 거대한 실험실이고 '나'는 매일 새로운 기억이 주입된 채 조작된 삶을 살아가는 실험 대상이었다. 도시는 우주를 떠도는 우주선 안의 실험실인 인공도시였다. 주인공은 이방인을 물리치고 도시를 다시 만든다. 튜닝으로 물을 뿜어 바다를 만들고 해를 뜨게 한다. 어둡고 칙칙한 도시가 색이 도는 도시로 바뀌는 순간에 나는 절로 탄성을 뱉었다.

이방인은 멸종 중인 외계인 종족이었다. 그들은 자신들의 멸종을 막으려 지구인을 납치해 기억을 뒤섞고 연구를 거듭했지만 결국 실패한다. 주인공은 "사람을 사람이게 하는 것은 머리가 아닌 가슴에 있다"고 말한다. 영화는 사람을 존재하게 하는 것이 감정이라고 결론을 내린다. 사람의 기억을 주입한 이방인이 실패한 이유는 기억 때문이 아니라 기억을 느끼고 이해할 감정이 없었기 때문이다.

칙칙한 도시와 무표정한 이방인은 감정이 없다. 단지 존재하고 생존할 뿐이다. 그런데 영화 마지막에 바다가 생기고 해가 돋으면서 도시에 빛이 생긴다. 생기가 돌고 색깔이 드러난다. 시작부와 다른 극적인 대비로 영화는 끝이 난다.

기쁠 때는 기뻐야 하고 슬플 때는 슬퍼야 한다. 매일 거울을 보면서 웃는 연습을 하자. 표정이 웃으면 마음이 따라 웃는다. 먼저 마음속 감정을 표정으로 드러내는 연습을 하자. 제일 쉽고 효과가 좋은 것이 웃는 연습이다. 거울을 보면서 아침저녁으로 웃어라. 소리를 내어 웃어도 좋고 아니면 입꼬리만이라도 올려라. 뇌는 단순하다. 표정이 웃으면 기분이 좋은 줄 안다. 같이 웃는다.

싫은 것은 싫다고 하자. 싫어도 남에게 좋지 못한 소리를 들을까 봐 억지로 따라가지는 말자. 아닌 것은 아니라고 해야 한다. 불쾌할 때는 참지 말고 화났다는 표현을 해야 한다. 지나치게 화를 자주 내면 화가 화를 부를 수 있다. 행동으로 표현하기보다는 나에게 화를 유발하는 행동은 삼가라고 의사 표시를 하는 게 좋다.

슬플 때는 슬퍼하고 카타르시스를 느껴라. 눈물과 함께 응어리가 녹아내린다. 무서운 것은 무섭다고, 겁이 날 때는 겁이 났다고 하라. 용기를 내는 것은 처음부터 용기로 무장되어 있어서가 아니다. 자꾸 해봐서 익숙한 거다. 남자라면 남자다움이라는 껍질을 버려라. 겁이 없다고 부러워하지 마라.

겁 없는 사람은 주변에 항상 있다. 이를 두고 무모하다고도 한다. 겁이 없으려면 셋 중 하나다. 하나는 무서운 상황을 겪어보지 않은 경우다. 어린아이들은 불이 무서운 줄 모른다. 한 번 데어보면 뇌리에 깊숙이 각인된다. 평생 무서운 줄 안다. 효율성이 아주 높은 교육이다.

두 번째는 겁이 많은데 억지로 겁이 없는 듯 행동하는 것이다. 남들이 보기에는 듬직하지만 속은 떨고 있다. 제2차 세계대전 때 미국이 원자폭탄을 개발했다. 비밀리에 개발했는데 의회에서 난리가 났다. 정부가 뭔가를 개발하는데 전혀 알 수가 없었기 때문이다. 의회에서 당시 대통령인 트루먼을 불러 질문을 했다. 핵무기 개발을 밝힐 수 없던 트루먼은 말없이 굳은 표정으로 의원들을 쳐다봤다. 그것으로 끝이었다. 아주 중요한 비밀 계획을 수행하는데 전쟁 중이라 말할 수 없다는 의지로 해석됐다. 돌아오는 길에 비서는 트루먼에게 "강한 모습이 너무 듬직했다"고 말했다. 그러자 트루먼은 "말도 마라. 긴장되어 다리가 후들후들 떨렸다"고 대답했다. 외적 강인함과 내적 강인함이 항상 일치하는 건 아니다.

세 번째는 흔히 말하는 정상에서 벗어난 경우다. 뇌나 마음이 정상 범주에서 벗어나면 겁이나 불안을 느끼지 못한다. 뇌를 다친 경우도 있고 사이코패스도 있다. 이건 여기서 다룰 주제는 아니니 넘어가기로 한다.

감정은 다루기 힘들 때도 있지만 신이 주신 최고의 선물이다. 감정이 있어 삶의 다양한 경험을 하고 사는 맛을 안다. 지나치거나 적절하지 못한 감정이 비록 힘들게 해도 감정 자체는 절대 소중하다.

적절한 감정 표현은 인생을 풍요롭게 한다. 자신만 아니라 주변 사람도 더 행복하고 삶을 윤택하게 한다. 따라서 감정 표현법을 배워야 한다. 감정도 훈련할 수 있다.

9

행복은
습관이다

행복한 삶은 모든 사람의 꿈이자 사는 목적이다. 행복하려고 웃고, 행복하려고 돈을 모은다. 행복하려고 감정에서 불쾌한 부분을 줄이고 기쁜 부분을 늘린다.

불안과 행복은 절대 같이할 수 없다. 행복한 불안, 불안한 행복은 없다. 행복을 방해하는 여러 감정 중 불안이 제일 눈에 띈다. 불안은 너무 흔해서 도처에 널려 있다. 보통 흔하면 약하지만, 불안은 흔하면서 삶을 아주 망칠 정도로 강하다. 행복을 방해하는 감정 중 불안이 으뜸이다. 불안을 조절하는 이유는 단지 불안만 없이 사는 게 목표가 아니기 때문이다. 행복하려고 불안감을 버린다. 불안감을 버리고 마음의 빈자리에 행복을 채워야 한다. 행복해야 의미가 있다.

행복의 기준이나 정의는 각자 다르겠지만 모두가 추구하는 1차적인 목표인 것은 틀림없다. 심지어 '유엔행복지수'라는 것이 생길 정도로 전 인류의 관심사다. 해마다 행복지수가 발표되고 이슈화된다. 행복지수 최상위 나라는 잘사는 나라가 아닌 네팔이나 방글라데시다. 여러 이론이 있지만 물질문명이 행복을 담보하는 절대적인 기준은 아니라는 증거다.

가난한데 왜 행복할까. 여러 해석이 있지만 그중 빠지지 않는 이유가 비교와 경쟁이 적다는 점이다. 부의 차이가 없으니까 비교하지 않아도 되고 사회가 복잡하지 않아 경쟁과 선택의 고민이 적다. 소비할 상품이 적으니까 무엇을 살 것인지의 고민도 적다. 긍정적이든 부정적이든 스트레스가 적은 상태다. 이처럼 삶에서 스트레스를 관리하는 것은 행복을 결정하는 중요한 요인 중 하나다.

역설적으로 경쟁을 줄이고 남과 비교를 자제하고 물건을 사거나 할 때 선택의 고민을 줄이는 방법으로 스트레스를 관리하면 행복지수가 높아질 수 있다. 하지만 행복지수를 높이고자 상대적으로 가난한 나라로 갈 사람이 얼마나 있을지 의문이다.

멀리 갈 것 없이 한국도 경제개발이 본격적으로 이뤄지기 전인 1970년대는 지금보다 행복지수가 높았을 것이다. 그때는 주변에 부자가 많지 않았다. 2층집도 없고 고급 승용차도 없고 고급 가방도 없었다. 부자라고 해도 남과 다른 라이프 스타일을 나타낼 방법이 없었다. 대부분 지금 기준으로 비슷하게 가난했다. 옷차림, 먹는 것, 삶의 형태가 비슷했다. 남과 비교할 것도 없었고, 생필품이나 사치품의 종류도 적어 선택의 고민도 없었다.

그렇지만 내일은 오늘보다 나으리라는 꿈이 있었고 열심히 하면 지금보다 잘살 수 있으리라는 희망이 있었다. 부자가 부러우면 열심히 일하자는 분위기였다.

현대 한국 사회는 부자와 가난한 사람의 격차가 너무 크다. 분명히 예전보다 전반적인 부는 늘었다. 소비도 늘고 휴대전화와 자가용도 늘었다. 하지만 상대적 빈곤은 걷잡을 수 없이 커졌다. 노력해도 따라갈 만한 수준을 넘어 아주 서로 다른 세상이 되었다. 더 우울한 사실은 열심히 해도 지금보다 잘살 수 있다는 확신이 없는 세상이라는 점이다.

경쟁도 너무 치열해졌다. 학생 때부터 시작된 경쟁은 입시, 취직, 생업 등 전 생애에 걸쳐 피할 수 없는 과정이 되었다. 경쟁도 나아지기 위한 경쟁이라기보다 뒤처지지 않기 위한 소모적 경쟁이 되었다. 끝이 보이지 않는 경쟁으로 만성피로 상태다.

중요하지도 않지만 선택해야만 되는 것이 너무 많다. 마트에 가면 물건의 종류가 몇 개인지 알기 힘들다. 라면도 수십 종류고 식료품 종류로 많고 용도를 알 수 없는 물건도 많다. 우리 삶은 과도한 선택 강요에 의해 항상 피로하다.

먹고살기에 바쁜 사람들 말고도 살 만한 사람도 불행하다. 남의 부러움을 받는 사람들도 행복하지 않다. 이상한 결과지만 행복하려 노력하면 할수록 행복은 멀리 사라진다.

행복하려고 갖가지 노력을 한다. 비우는 사람도 늘고 있다. 소유를 줄이고 '미니멀 라이프'를 추구한다. 도시를 떠나 농촌으로 이사하는 사람도 있다. 마음 수련 차원에서 템플스테이가 엄청난 인기몰이를 하고 있다. 종교인 수는 세계에서 제일 많다. 오죽하면 각 종교에

서 주장하는 신도 수의 합이 한국 인구보다 많을까. 정신건강의학과 의사도 늘고 있고 심리상담소도 계속 늘고 있다. 이 모든 현실을 떠나 이민을 가는 사람도 상당하다.

공격적으로 행복을 추구하는 사람도 늘었다. "부자 되세요"라는 주문처럼 부를 추구하는 사람은 언제나 대세다. 행복을 알려주는 행복 전도사도 인기다. 행복과 마음에 대한 책은 종류를 헤아릴 수 없을 정도로 넘쳐난다. 행복하게 사는 법을 알려준다는 강연은 항상 만원이고 행복을 주제로 하는 방송은 늘 시청률이 높다.

'해피드러그'도 날개 돋친 듯 팔린다. 행복한 느낌을 준다는 엔돌핀이 방송에 나간 뒤 약국에서 엔돌핀을 찾는 사람도 있었다. 엔돌핀은 몸 안에서 생성되는 호르몬이다. 안을 뜻하는 '엔도'와 '몰핀'의 합성어로, 팔 수 있는 물질이 아니다. 돈으로라도 행복을 사고 싶다는 세태의 단면이다.

한마디로 행복 과잉의 시대다. 파랑새를 찾아 떠나지만 파랑새를 못 찾고 돌아왔는데 파랑새는 집에 있더라는 동화처럼 행복을 찾아 떠돌지만 행복을 찾지 못한다. 정말로 행복을 어디서 찾아야 할까? 행복은 찾는 것일까? 만드는 것일까? 느끼는 것일까? 쟁취하는 것일까? 누가 줄 수 있을까?

행복이 물질처럼 존재하는 것이라면 살 수 있고, 찾을 수 있고, 선물할 수 있고, 선물받을 수 있을 거다. 하지만 행복이란 마음에서 순간순간 느끼는 감정이다. 그러니 행복에 대한 접근을 달리해야 한다. 행복을 찾아 떠돌 것이 아니라 행복을 느끼는 마음을 키우는 것이 옳은 방법이다. 행복을 느끼는 마음의 문턱을 낮추고, 행복을 느끼는 일상을 늘리고, 행복의 크기를 늘리는 것은 어떨까. 굳이 다 같이 가난한 나라로 가지 않더라도 여기서 오늘 행복할 수는 없을까?

행복해서 웃는 것이 아니라 웃어서 행복한 것이다. 행복이라고 정의된 고정된 객체는 없다. 그야말로 행복은 느끼는 것이다. 행복은 명사지만 본질은 동사다. 대상에게 내가 느끼는 감정이다. 행복을 연습하는 것이 아니라 행복을 느끼는 반응을 연습하는 것이다.

어떤 일 앞에서 내가 택할 수 있는 반응은 다양하다. 그중 행복을 유발할 반응을 선택한다. 습관이 될 때까지 의식적으로 선택한다. 파블로프의 개의 조건 형성을 나쁘게도 좋게도 사용할 수 있다. 사람은 선택 가능한 의지가 있고, 그 선택이 반복되면 습관이 된다. 습관이 쌓인 게 인격이고 인생이다. 행복을 선택하면 행복하고, 불행을 선택하면 불행하다.

　습관이 형성되는 데는 보통 21일이 걸린다고 한다. 성형외과 의사인 맥스웰 몰츠 박사는 성형수술 후나 사지 절단된 환자가 바뀐 외모에 적응하는 데 21일 정도 걸린다는 사실을 발견하고, 이를 저서《성공의 법칙》에서 처음 주장했다. 한편, 영국 런던대학교의 제인 워들 교수팀은 습관이 완전히 형성되려면 평균 66일이 걸리는데, 개인에 따라 18일에서 254일이 걸린다고 발표했다. 분명 개인차가 있지만 노력하면 습관은 반드시 자리 잡는다.

　코미디 프로그램을 보다 보면 빠지지 않고 등장하는 것이 배경 웃음이다. 재미가 없는 억지 장면에서도 웃음이 들린다. 어색하지만 없는 것보다 낫다고 한다. 웃을 때 같이 웃으면 더 크게 웃는다. 즐거움은 같이하면 더 크다. 한참 웃으면 왜 웃었는지 잊어버려도 웃은 기억은 남는다.

　행복하면 왜 행복했는지 몰라도 된다. 행복한 감정만 남는다. 아이의 웃는 모습 때문에 행복하고 강아지의 눈망울 때문에 행복하다. 어제 산 TV 때문에 행복하고 맛있는 음식 때문에 행복하다. 먹이를 줄 때마다 모이는 열대어 때문에 행복하고 책에 푹 빠진 나 자신 때문에 행복하다. 아이가 건강하게 자라주면 감사하고 행복하다. 배우자와 아이들이 있는 것만 해도 행복하다. 내가 지능이 있어 책을 읽고 글을 씀에 감사하고 행복하다. 심하게 아픈 데가 없어 행복하고 살아 있어 행복하다.

　어느 나라에 왕이 있었는데, 그는 나라를 다스리면서 세 가지 의문을 가졌다. 왕은 신하들을 불러 답을 구했지만 그들은 의견만 낼 뿐 만족할 답을 내놓지 못했다. 결국 왕은 초야에 묻혀 사는 현자를 만나 물었다.

"첫째, 이 세상에서 가장 중요한 시간은 언제인가? 둘째, 이 세상에서 가장 중요한 사람은 누구인가? 셋째, 이 세상에서 가장 중요한 일은 무엇인가?"

현자가 대답했다.

"이 세상에서 가장 중요한 시간은 현재이고, 가장 중요한 사람은 지금 내가 대하고 있는 사람이며, 이 세상에서 가장 중요한 일은 지금 내 곁에 있는 사람에게 선을 행하는 일입니다. 인간은 그것을 위해서 세상에 온 것입니다. 그러므로 우리는 지금 만나는 사람에게 사랑과 선을 다하여야 합니다."

이는 톨스토이의 단편소설 〈세 가지 의문〉에 나오는 내용이다.

행복은 사물이 아니다. 눈에 보이는 소유할 수 있는 물질이 아니다! 가치요, 느끼는 마음이다. 환경과 조건의 영향을 받지만 내가 택하는 마음의 상태이고 마음의 반응이다. 행복은 행복한 마음의 상태를 말한다. 행복하지 않은 상태는 '안 행복'일까? '불행'일까? 행복과 '안 행복'과 불행은 다른 상태다. 행복하지 않은 사람은 불행한 것이 아니다. 행복할지 안 행복할지 선택의 갈림길에 있는 것이다.

행복은 현재형이다. 지금 행복해야 의미가 있다. 행복은 담아둘 수도 없고 맡길 수도 없다. 빌릴 수도 없다. 지금 느끼는 감정이다. 외부에서 들어오지 않고 나 스스로 느끼는 감정이다. 오늘 행복하자. 행복은 느껴도 닳아 없어지지 않고 마르지 않는다. 오늘 너무 행복하다고 내일 행복을 미리 당겨 쓴 건 아니다. 내일은 내일의 행복이 기다리고 있다.

오늘은 내 인생에서 가장 젊은 날이다. 어떤 어려움도 이 또한 지나간다. 어떻게 살아도 시간은 간다. 행복을 선택해도 시간은 가고, 불행을 선택해도 시간은 간다. 시간과 함께 인생도 흘러간다. 어떤 삶을 선택할지는 당신의 몫이다.

지금 불안해하는
독자 여러분께

책을 다 쓰고 나니 인생의 큰 과제를 해결한 듯 후련하다. 내가 불안감을 느낀 것은 아주 어릴 때부터다. 나는 내가 너무 예민하고 걱정이 많다고 생각했다. 그런 감정의 정체를 몰랐지만 훗날 알고 보니 그게 바로 불안이었다. 예민하고 걱정 많은 성격이 싫어 둔하게 살고 싶다 생각한 적도 많다. 그 덕분에 책을 정말 많이 읽었다.

책을 쓰고자 생각을 정리하고 자료를 찾는 과정에서 나는 새삼 놀랐다. 불안이라는 감정 때문에 고생하는 사람이 생각보다 많음을 알았기 때문이다. 내 이야기 위주로 사례를 정리했지만 불안을 느끼는 사람 누구나 한 번쯤 경험한 이야기라고 생각한다. 가능한 한 전문적인 이야기는 빼고 글을 쓰려고 노력했다. 관련 전문서를 찾아보거나 전문가에게 조언을 받으면 접근은 편하지만 정형화되기 쉽고, 또 불과 몇 년 전에 나온 학설도 있어서다. 이미 내가 수십 년 동안 느낀 감정을 뒤늦게 정의한 단어에 맞추는 것도 허탈하고, 내 감정의 전문가는 나인데 남이 정의한 틀에 밀어 넣기는 싫었다.

세상 살면서 알아야 할 것은 너무 많다. 그런데 모든 걸 알고 그대로 따르기란 불가능할뿐더러 그럴 필요도 없다. 토론과 논쟁은 학자에게 맡기면 된다. 음식을 먹을 때 손님은 맛있게 먹으면 된다. 그러면 손님의 역할은 다한 것이다. 영양을 따지는 일은 영양학자가, 값을 따지는 일은 경제학자가, 위생을 따지는 일은 보건학자가, 조리 과정을 따지는 것은 요리사가 하면 된다.

몸에 관해 몰라도 사는 데 지장은 없다. 오히려 팔을 움직일 때 팔을 굽히려니까 운동피질의 명령으로 이두박근을 수축하고, 펼 때 삼두박근을 이용하자 하면 어색한 정도를 넘어 지쳐 쓰러진다. 몸에 대한 연구는 해부학자와 의사에게 맡기고 우리는 몸을 마음껏 이용해서 뛰고 춤추고 일하면서 살아가면 된다.

내 마음에서 일어나는 세세한 감정의 변화까지 일일이 이름 짓고 원인을 찾을 필요는 없다. 감정의 전문적 분류는 심리학자나 정신의학자에게 맡기고, 정상을 벗어나면 정신건강의학과 의사 등 전문가에게 도움받으면 된다. 우리는 그저 자기감정에 충실하면서 기쁠 때 기뻐하고 슬플 때 슬퍼하면 된다. 생활에 지장이 없는 한 풍부한 감정은 그야말로 축복이다.

그래도 감정과 심리에 대해 더 알고 싶다면 전문 서적을 읽거나 상담을 받고, 관련 분야를 공부하면 된다. 모쪼록 이 책이 평소 불안감으로 고민하는 수많은 독자 여러분께 조금이라도 도움이 됐기를 바란다.

끝으로 거친 원고를 멋진 책으로 다듬어준 다연출판사에 감사한다.

불안감 버리기 연습

초판 1쇄 발행 2018년 1월 10일
초판 3쇄 발행 2019년 2월 25일

지은이 | 오광조
펴낸이 | 전영화
펴낸곳 | 다연
주　소 | 경기도 고양시 덕양구 은빛로 41, 502
전　화 | 070-8700-8767
팩　스 | 031-814-8769
메　일 | dayeonbook@naver.com

편　집 | 미토스
디자인 | 김윤남

ⓒ 오광조

ISBN 979-11-87962-36-6 (03320)

이 도서의 국립중앙도서관 출판예정도서목록(CIP)은 서지정보유통지원시스템 홈페이지(http://seoji.nl.go.kr)와
국가자료공동목록시스템(http://www.nl.go.kr/kolisnet)에서 이용하실 수 있습니다. (CIP제어번호 : CIP2017034745)